Ruth Steindling . Claudia Erdheim
Vilma Steindling

Ruth Steindling . Claudia Erdheim

Vilma Steindling

Eine jüdische Kommunistin im Widerstand

Mit zahlreichen Fotos und Dokumenten

und einem Nachwort von
Anton Pelinka

Amalthea
Verlag

Gefördert vom Zukunftsfonds der Republik Österreich

*Zukunfts*Fonds
der Republik Österreich

Gefördert vom Nationalfonds der Republik Österreich
für Opfer des Nationalsozialismus

NATIONAL**FONDS**
DER REPUBLIK ÖSTERREICH FÜR OPFER DES NATIONALSOZIALISMUS

Besuchen Sie uns im Internet unter: amalthea.at

Umschlaggestaltung: Elisabeth Pirker/OFFBEAT
Umschlagfoto: Privatarchiv Ruth Steindling
Lektorat: Maria-Christine Leitgeb
Herstellung und Satz: VerlagsService Dietmar Schmitz GmbH, Heimstetten
Gesetzt aus der 11,25/15 pt Minion Pro
Printed in the EU
ISBN 978-3-99050-067-5

Im Andenken an meine Mutter Vilma
und meinen Sohn Boris und als Vermächtnis
für meinen Sohn Niki

Ruth Steindling

Inhalt

Anhang

Vorwort

Vilma Steindling war eine der wenigen österreichischen Widerstandskämpferinnen. Bereits im Alter von achtzehn Jahren verfolgt, ging sie – als Kommunistin – nach Frankreich in die Emigration, engagierte sich in der Résistance und überlebte Auschwitz und den Todesmarsch nach Ravensbrück. Als Waise hatte sie eine schwere Kindheit gehabt, später machten ihr die Folgen der KZ-Haft nach dem Krieg zu schaffen. Insbesondere in den Fünfzigerjahren engagierte sie sich erneut für die KPÖ, bis sie schließlich 1968 aus der Partei austrat. Ihre Biographie spiegelt nicht nur ein bewegendes Schicksal wider, sondern ist auch ein wichtiges historisches Dokument.

Die Grundlage dieses Buches bilden zwei Interviews, die Vilma Anfang der Achtzigerjahre der Historikerin Irene Etzersdorfer und der Psychoanalytikerin Elisabeth Brainin gegeben hat, sowie Interviews, die Elisabeth Brainin mit den beiden Töchtern, Ruth und Elisabeth, gemacht hat, ferner Erinnerungen der beiden Töchter und zahlreiche Recherchen. Vilma selbst trat nie als Zeitzeugin auf, weder in Schulen noch als Vortragende bei einschlägigen Veranstaltungen. Sie hatte große Bedenken der »oral history« gegenüber und war stets der Meinung, dass Zeitzeugen die Erlebnisse nicht so schildern würden, wie sie tatsächlich gewesen waren. Dennoch war sie offenbar in dieser Hinsicht innerlich gespalten: Einerseits wollte sie sich der Geschichtsaufarbeitung nicht anschließen, andererseits hatte sie sich im KZ vorgenommen, unbedingt zu überleben, um der Nachwelt von den Gräueln berichten zu können.

Zum KPÖ-Archiv erhielten wir für unsere Recherchearbeiten keinen Zutritt. Es wurde uns mitgeteilt, dass für unsere Untersuchung ohnedies nichts vorhanden sei, und dies sei auch gut so.

Eine kleine Anekdote im Zusammenhang mit unseren Recherchebemühungen sei hier auch noch erwähnt: Als wir das Zweifamilienhaus in der Alfred-Wegener-Gasse in Döbling aufsuchten, in dem Vilma von 1946 bis 1950 gewohnt hatte, erfuhren wir, dass der Besitzer im Nebenhaus wohnen und Werner Seyss heißen würde. Als wir bei ihm läuteten, um Näheres über das Nachbarhaus zu erfahren, beugte er sich aus dem Fenster und schrie: »I waß goa nix, i woa domois no a Kind.« Aufgrund von Recherchen wussten wir aber, dass das Haus einen Bombenschaden hatte. Deshalb schrieben wir ihm einen Brief, um ihn zu fragen, ob er darüber Genaueres wüsste. Tatsächlich rief er zurück. Wir fragten ihn, ob er uns die Erlaubnis geben würde, den Bauplan einzusehen. Dies wies er jedoch mit der Begründung zurück: »Da kann a jeder kumman. Dann geben S' den Polen die Pläne und dann kumman s' einbrechen.«

Unser Dank gilt allen Unterstützern und Unterstützerinnen, insbesondere Elisabeth Brainin, die uns die Interviews mit Vilma, Ruth und Liesl überlassen hat, Helga Amesberger, die uns das Interview mit Lotte Brainin zur Verfügung gestellt, Hugo Brainin, der uns Notizen seiner Frau Lotte geschickt, und Herbert Fleischner, der uns über die kommunistischen Aktivitäten seines Vaters nach dem Krieg erzählt hat, die Parallelen mit Vilmas Aktivitäten aufweisen. Gedankt sei auch all jenen, die sich zu weiteren Interviews bereit erklärt haben: Thea Scholl, Irma Schwager, Irma Mico, Elisabeth Bittner, Daniela Pattart, Nicolas

Endlicher, Peter und Ruth Schwarz, Sonja Meron und einigen langjährigen Bewohnern und Bewohnerinnen des Hauses Taborstraße 21A. Bedanken möchten wir uns auch bei Gérard Larue, der in Frankreich für Ruth einige Kontakte hergestellt hat, und bei den Verwandten Arthur Kreindels in Argentinien sowie Herrn Denk vom Stadtarchiv für seine freundliche Unterstützung.

I. »Wenn man arm ist, ist man ein Hund.«

Kindheit im Wien der 1920er-Jahre

Der letzte österreichische Kaiser lebt, ohne abgedankt zu haben, im Exil in der Schweiz. Österreich ist eine Republik und zu einem Kleinstaat geschrumpft. Der Hungerwinter nach dem Ende des Ersten Weltkriegs ist vorüber. Tausende sind an der Spanischen Grippe gestorben. Schweizer und schwedische Hilfsorganisationen lindern die größte Not. Die ersten demokratischen Wahlen finden statt, bei denen der Antisemitismus zu einem Wahlkampfthema wird. Parolen wie »Die Juden sind unser Unglück« werden von den Deutschnationalen als Propaganda verwendet. Der Antisemitismus gewinnt an Schlagkraft und Wien ist »seine Hauptstadt«. In diese Zeit wird Vilma Steindling am 4. August 1919 als Vilma Geiringer hineingeboren.

Die Eltern, Leopold und Berta Geiringer, beide jüdischer Herkunft, ziehen mehrmals um. Zunächst vom 6. Bezirk in den 15. und schließlich in den 21. Bezirk in die Erzherzog-Karl-Straße 58 jenseits der Donau, den heutigen 22. Bezirk, und zwar in ein neues einstöckiges Haus mit Bassenawohnungen. Eine Bassena ist ein Waschbecken mit Kaltwasser im Hausflur. Um die Jahrhundertwende wurden sehr viele Häuser ohne fließendes Wasser in den Wohnungen gebaut, die oft nur aus Zimmer und Küche bestanden.

Als Vorort von Wien hatte die Gegend noch dörflichen Charakter, obwohl die Elektrische, wie die Wiener die Straßenbahn damals nannten, schon bis nach Kagran fuhr. Im Haus Nummer 58 gab es unter anderem die Bäckerei Tisch, eine Eisenhandlung, einen Schuster und eine Fleischerei. Im Nachbarhaus befand sich eines der zahlreichen Gasthäuser der Gegend. In unmittelbarer Nähe ihres Wohnhauses gab es drei Lederfabriken. Möglicherweise fand Leopold dort Arbeit als Magazineur. Es ist schwer nachvollziehbar, weshalb die Familie ausgerechnet dorthin zog, zumal dort bislang nie Juden ansässig gewesen waren.

Die Familie ist bitterarm, kann jedoch zumindest eine winzige Küche-Kabinett-Wohnung mieten. Aber schon mit der Straßenbahn zu fahren, ist oft zu teuer, was im damaligen Wien, in dem großes Elend herrscht, durchaus keine Seltenheit ist. Die Armut zwingt sie schließlich auch dazu, die koschere und fromme Lebensweise aufzugeben, da es vor Ort keinerlei Infrastruktur für gläubige Juden gibt.

Bald nach Vilmas Geburt erkrankt ihr Vater an Tuberkulose und kann nicht mehr arbeiten. Die Armut wird immer drückender, sodass sie im selben Haus in eine noch kleinere Wohnung umziehen müssen, die nur noch aus einem acht Quadratmeter großen Einzelraum besteht. Die Winter sind zu jener Zeit sehr streng und die Mutter kommt oft mit dem halb erfrorenen Kind nach Hause. Vilma erzählt, dass die Mutter sie in das Bett des tuberkulösen Vaters gelegt hat, um es zu wärmen. Am 17. Juli 1923 stirbt Leopold. Er hinterlässt 380 Kronen, was aufgrund der damaligen Inflation heute höchstens ein paar Cent entspräche. Die Krankenhauskosten belaufen sich auf 2 040 000 Kronen, die die Familie nicht bezahlen kann. Zwei Millionen Kronen entsprechen heute einer Kaufkraft von 918 Euro. Die Begräbniskosten werden von der israelitischen Kultusgemeinde übernommen.

Berta bekommt die Vormundschaft für Vilma. Nach Leopolds Tod emanzipiert sich Berta offenbar von der Religion und erzieht auch Vilma nicht religiös, tritt aber auch nicht aus der israelitischen Kultusgemeinde aus. Vor den Verwandten werden sowohl die Abwendung von der Religion als auch die bedrückende

Armut verheimlicht. Vilma wird eingeschärft, den Verwandten zu verschweigen, dass sie sich nicht an die jüdischen Speisegesetze hielten.

Vor der Volksschule besucht Vilma den Kindergarten der Kinderfreunde im 2. Bezirk. Die Kinderfreunde wurden 1908 als sozialdemokratische Organisation für Arbeiterkinder gegründet. In die Volksschule, eine öffentliche Schule, geht sie die ersten beiden Jahre im 2. Bezirk in der Kleinen Pfarrgasse. Den Nachmittag verbringt sie wieder bei den Kinderfreunden, da ihre Mutter als Heimkrankenschwester arbeitet. An ihre Volksschulzeit hat sie wenige Erinnerungen, jedoch waren die Feierlichkeiten aus Anlass des 1. Mais bei den Kinderfreunden stets ein einschneidendes Erlebnis für sie. Mit Autobussen wurden die Kinder in die Freudenau gebracht. Obwohl sie Himbeerwasser nicht ausstehen konnte, trank sie es am 1. Mai zur Feier des Tages.[1] An ein unangenehmes Ereignis aus der Volksschulzeit kann sich Vilma auch noch erinnern: Eine Klassenkameradin teilte für ihre Geburtstagsfeier Billetts aus, sie bekam jedoch keines. Daraufhin bedrängte Vilma das Mädchen. Nach Rücksprache mit der Mutter des Mädchens gab man ihr schließlich doch noch eines. Vilmas Mutter war sehr böse darüber, kaufte aber beim Gärtner einen Strauß Wiesenblumen für die Gastgeber. Bei der Geburtstagsfeier wurden dann Spiele gespielt, die Vilma nicht kannte und die ihr auch niemand erklärte. Auch ihre Wiesenblumen wurden nicht gewürdigt. Vilma war »geheilt«.[2]

Vilma verbringt die Sommermonate im Gänsehäufel, dem größten Freibad Wiens, in einer Tagesheimstätte der Sozialistischen Partei, da ihre Mutter in Hietzing arbeitet, weit entfernt von Wohnort und Schule.

Während das jüdische Kind Vilma eine Kindheit in bitterster Armut verbringt, tauchen die ersten Nationalsozialisten auf: »Hakenkreuzler ziehen durch die Straßen, in Windjacke, mit

Stahlhelm, Armbinde und Hakenkreuzabzeichen. Sie marschieren in Kaffeehäuser, um jüdische Gäste zu vertreiben. Sie dringen in Vereinslokale von Arbeiterorganisationen ein, misshandeln die Anwesenden und zerschlagen Türen und Fenster. Sie überfallen Arbeiter und schlagen sie mit Gummiknüppeln zu Boden. Sie stören Vorträge jüdischer Gelehrter und prügeln die Besucher mit Schlagringen und Gummiknüppeln. Wahllos dreschen sie dabei auch auf Frauen und alte Leute ein.«[3] Wie die meisten Leute wird auch Vilmas Mutter den »Hakenkreuzlern« keine allzu große Bedeutung beigemessen haben. Mit dem Schattendorfprozess 1927 ändert sich dies jedoch schlagartig und radikal. Das Schattendorfer Urteil, das nach dem Ort Schattendorf im Burgenland benannt ist, war 1927 der Auslöser für die sogenannte Julirevolte in Österreich. Am 30. Jänner 1927 hatte die Sozialdemokratische Arbeiterpartei Deutschösterreichs in dem kleinen burgenländischen Ort eine Versammlung abgehalten, die von einem Gasthof aus von Mitgliedern der Frontkämpfervereinigung Deutsch-Österreichs beschossen worden war, woraufhin zwei Tote (darunter ein sechsjähriges Kind) und fünf Verletzte zu beklagen waren. Der österreichische Rechtsanwalt Walter Riehl (u. a. Leiter der nationalsozialistischen Gruppierung Deutschsozialer Verein) verteidigte die Täter im darauffolgenden Schattendorfer Prozess. Die Täter wurden von einem Geschworenengericht freigesprochen, was zu Recht als Skandal angesehen wurde und zu gewalttätigen Ausschreitungen in Wien führte.«[4]

Vilma erinnert sich an die Vorfälle im Jahr 1927: Es muss der 15. oder 16. Juli gewesen sein, als gegen den Freispruch im Schattendorfer Prozess demonstriert wurde. Damals holte ihre Mutter sie nicht ab, da an diesem Tag keine Straßenbahn fuhr. Der Heimleiter nahm sie zu sich nach Hause mit und legte sie mit seinem eigenen Kind ins Bett. Irgendwann in der Nacht tauchte die Mutter dann auf und holte Vilma ab. Am Tag darauf konnte die Mutter nicht in die Arbeit fahren. Vilma musste nicht in die Tagesheimstätte, sondern konnte den Tag mit ihrer Mutter verbringen, was sie als besonders schön empfand.[5]

Als Vilma acht Jahre alt ist, erkrankt die Mutter schwer an Krebs und ist die meiste Zeit im Spital. Vilma kommt in das jüdische Waisenhaus im 19. Bezirk in der Ruthgasse 21. Die dritte und vierte Klasse der Volksschule absolviert sie im 19. Bezirk in der Silbergasse 2. Der Schulwechsel vom 2. in den 19. Bezirk ist für sie eine Art Kulturschock. Im Gegensatz zum 2. Bezirk ist der 19. ein Nobelbezirk. In Vilmas Klasse gibt es viele Kinder reicher Leute. »Da habe ich begriffen, dass man ein Hund ist, wenn man arm ist.«[6]

An das Waisenhaus hat sie gute Erinnerungen, die Erzieherinnen waren sehr fortschrittlich, aber nicht sozialdemokratisch oder kommunistisch, erinnert sich Vilma in dem Interview. Im Waisenhaus geht es Vilma materiell besser. Es gibt regelmäßige Mahlzeiten und auch Kino oder Theaterbesuche sind einmal im Monat möglich. Trotzdem hat sie Sehnsucht nach ihrer Mutter und träumt oft davon, zu Hause in ihrem Bett zu liegen.

Nach Beendigung der Volksschule besucht sie eine öffentliche Hauptschule, ebenfalls im 19. Bezirk. Viele jüdische Kinder gibt es in dieser Schule nicht, in jeder Klasse höchstens zwei oder drei. Dort macht sie die ersten drastischen antisemitischen Erfahrungen. Die Geometrielehrerin sagte, wenn ein jüdisches Kind zur Tafel gerufen wurde: »Juden zehn Schritte vom Leib.« »Wenn man ihr zu nahe gekommen ist, hat sie geschrien.«[7] Die Mitschülerinnen sind nicht antisemitisch eingestellt. Es sind Arbeiterkinder aus dem Karl-Marx-Hof. Der Karl-Marx-Hof ist einer der bekanntesten Gemeindebauten Wiens und liegt im 19. Bezirk. Es handelt sich dabei um ein im Jahr 1930 eröffnetes sozialdemokratisches Wohnbauprojekt von einem Kilometer Länge, das auch »die Ringstraße des Proletariats« genannt wurde.

Es gibt in der Wohnhausanlage 1382 Wohnungen für etwa fünftausend Bewohner und Bewohnerinnen. Alle Wohnungen verfügen über ein eigenes WC und eine Wasserentnahmestelle/Waschmöglichkeit im WC-Vorraum bzw. in der Küche, jedoch über kein Badezimmer. Die neuen Mieter und Mieterinnen sind überglücklich, nicht zuletzt darüber, endlich gegen Ungeziefer wie Wanzen effektiv vorgehen zu können. Der Bau enthält zahlreiche Gemeinschaftseinrichtungen wie Wäschereien, Bäder, Kindergärten, eine Bibliothek, Arztpraxen, Geschäftslokale und Räumlichkeiten für politische Organisationen.

Ausgrenzungen von jüdischen Kindern gibt es dort nicht, auf den Straßen jedoch sind die Juden bereits antisemitischen Beschimpfungen ausgesetzt. So ist etwa auf dem Tor des Waisenhauses zu lesen: »Wartet nur, ihr Mazzesfresser, bald kommt die Nacht der langen Messer!« Zu dieser Zeit, Anfang der Dreißigerjahre, fühlen sich die österreichischen Juden von der antisemitischen Hetze jedoch noch nicht unmittelbar bedroht, worauf auch Vilma in dem Interview hinweist. Sie ahnen noch nicht, wohin der Antisemitismus führen wird. Vilma hält den antisemitischen »Pöbel« einfach für eine »Horde von Trotteln«.[8]

1933 stirbt Berta Geiringer. Vilma ist zu diesem Zeitpunkt dreizehn Jahre alt – und Vollwaise. Das einzige Familienmitglied, zu dem Vilma Kontakt hat, ist ihre Tante Fanny, Franziska Neufeld, eine Schwester ihrer Mutter. Es wird jedoch Alexander, ein Bruder der Mutter, der mit seiner Familie in Eichgraben südlich von Wien lebt, zu ihrem Vormund ernannt. Er kümmert sich jedoch nicht um Vilma, die beiden haben keinen Kontakt miteinander. Fanny hingegen, die bis zum Anschluss im Jahr 1938 als Kaffeeköchin im Hotel Imperial arbeitet, trifft sich gelegentlich mit Vilma.

Schon mit zwölf, dreizehn Jahren macht sich bei Vilma eine soziale Ader bemerkbar. Eines Tages heißt es, dass ein besonders armes, taubstummes Kind im Waisenhaus nur dann aufgenommen werden könne, wenn sich ein größeres Kind um es kümmern würde. Vilma meldet sich sofort. Sie erlernt die Taubstummensprache, unternimmt sehr viel mit dem Kind, verzichtet sogar auf die Kinobesuche und geht stattdessen mit ihm ins Kasperltheater.

Um Vilma besser verstehen zu können, soll an dieser Stelle zurückgegangen und die Herkunft ihrer Familie näher beleuchtet werden.

Mütterlicherseits stammt Vilma von der Familie Neufeld ab. Die Neufelds kommen aus Neulengbach in Niederösterreich.

In der zweiten Hälfte des 19. Jahrhunderts hatten die Neulengbacher Juden keine eigene Kultusgemeinde, sondern gehörten der Israelitischen Kultusgemeinde (IKG) St. Pölten an. Es gab nur einen Minjan-Verein, der 38 Mitglieder zählte.[9] »Minjan ist im Judentum das Quorum von zehn oder mehr im religiösen Sinne mündigen Juden, das nötig ist, um einen vollständigen jüdischen Gottesdienst abzuhalten.«[10] Auch gab es »ein Bethaus, eine Religionsschule, einen jüdischen Friedhof und eine Mikwe sowie einen Kantor und einen Rabbiner.«[11] Mit der Mikwe wird im Judentum das Tauchbad bezeichnet, das nicht in erster Linie der Hygiene dient – das heißt, mit dem Untertauchen im Tauchbad soll nicht primär körperliche Sauberkeit hergestellt werden –, sondern der kultischen Reinheit. Im orthodoxen und konservativen Judentum ist der Besuch der Mikwe verheirateten Frauen vorgeschrieben, etwa, wenn sie ihre Menstruation oder eine Entbindung hinter sich haben.[12] Der jüdische Friedhof von Neulengbach ist heute noch teilweise erhalten. Dort befinden sich auch einige Gräber der Familie Neufeld. Ein toleranter Bauer stellte damals einen Raum seines Bauernhofs als Bethaus für die dort ansässigen Juden zur Verfügung.[13]

Gustav Neufeld, geboren ungefähr 1848, zieht nach Laaben, heute Brand-Laaben, ca. siebzehn Kilometer von Neulengbach entfernt. Er besitzt dort am Hauptplatz einen Krämerladen, heiratet Katharina Brakl und hat mit ihr neun Kinder: fünf Töchter und vier Söhne. Berta, die spätere Mutter Vilmas, ist das dritte Kind. Die Neufelds sind die einzige jüdische Familie in Laaben. Sie wohnen im Haus Nummer 27 zur Miete. Da sie die einzige jüdische Familie im Dorf sind, ist es für sie schwer, ein frommes jüdisches Leben zu führen. Um den Sabbat und die Feiertage begehen zu können, muss die Familie nach Neulengbach fahren. Das ist jedoch beschwerlich, da Juden am Sabbat nicht mit dem Pferdewagen fahren dürfen und somit schon vor Sabbatbeginn in Neulengbach eintreffen müssen.

Der Vater, Gustav Neufeld, stirbt schon 1890 und die Mutter zieht mit den Kindern Anfang des 20. Jahrhunderts nach Wien. Sie ziehen nicht in den 2. Bezirk, wo die meisten Juden leben, sondern in den 15. Bezirk, wo es zu jener Zeit auch eine Synagoge gibt. Sicher ist es für die Familie schwierig, sich in der Großstadt zurechtzufinden. Häufiger Wohnungswechsel und finanzielle Not kommen erschwerend hinzu.

Berta heiratet 1919 den Witwer und Magazineur (Lagerarbeiter) Leopold Geiringer, der in erster Ehe mit Maria Mirjam Josefa Ingerisch verheiratet war und mit ihr vier Söhne hat. Bertas Bruder Alexander und einer der Brüder von Leopold Geiringer betreiben gemeinsam im 2. Bezirk einen Stechviehhandel, bei dem das Vieh beim Schlachten gestochen und geschächtet, also auf jüdisch rituelle Art geschlachtet wird.

Über ihren Bruder wird Berta wohl ihren Mann Leopold Geiringer kennengelernt haben.

Väterlicherseits stammt Vilma von der Familie Geiringer ab, die aus Stampfen, einem kleinen Städtchen unweit von Pressburg stammt. Der Ort Stampfen gehörte zur ungarischen Reichshälfte und hieß auf Ungarisch »Stomfa«. Heute heißt der Ort »Stupava« und gehört zur Slowakei. 1890 war Stampfen eine Kleinstadt mit etwas über dreitausend Einwohnern und einer großen jüdischen Gemeinde, die damals fast dreihundert Mitglieder zählte. In der ersten Hälfte des 19. Jahrhunderts war die jüdische Gemeinde von Stampfen die wichtigste und größte Ungarns[14] mit rund achthundert Mitgliedern. Der drastische Rückgang der Mitglieder ist auf die Abwanderung nach Wien zurückzuführen, wo die Lebensverhältnisse besser waren. Obwohl die Amtssprache Ungarisch war, sprach die Mehrheit der Bevölkerung einen slowakischen Dialekt und nur ein kleinerer Teil entweder Deutsch oder Ungarisch.[15] Viele Juden magyarisierten sich,[16] wohl auch die Geiringers, wie man den Vornamen einiger Familienmitglieder entnehmen kann. Stampfen hatte eine große Synagoge und seit dem 17. Jahrhundert auch einen jüdischen Friedhof. Die Gemeinde war berühmt für ihre Gelehrten und Rabbiner, darunter auch einige Geiringers, die man ebenfalls bis ins 17. Jahrhundert zurückverfolgen kann. Der Name Geiringer geht auf den ca. zwanzig Kilometer von Stampfen entfernten Ort Geiring zurück, wo ursprünglich viele Juden siedelten. Die Familie war ungeheuer weitverzweigt. Allein Leopold, der Vater Vilmas, hatte ungefähr siebzig Blutsverwandte, die alle so wie er in der zweiten Hälfte des 19. Jahrhunderts lebten.

Leopold Geiringer wird 1866 geboren, arbeitet als Taglöhner und zieht um die Jahrhundertwende nach Wien. 1892 heiratet er in Wien die zum jüdischen Glauben konvertierte Maria Josefa Ingerisch aus Znaim. Wie schon erwähnt, haben sie vier Söhne, wovon einer, Arthur, schon im Kindesalter an Scharlach verstirbt. Somit hat Vilma drei Halbbrüder, zu denen sie jedoch kaum Kontakt hält, da diese um vieles älter sind als sie.

II. Konspirative Treffen im Beserlpark
Jugend im Kommunistischen Jugendverband (KJV)

Nach Abschluss der Hauptschule beginnt Vilma eine dreijährige Lehre als Modistin bei der Firma Julie Bellak im 1. Bezirk in der Singerstraße. Im ersten Lehrjahr verdient sie wöchentlich sechs, im zweiten Jahr neun und im letzten Jahr zehn Schilling. Sechs Schilling entsprechen 2016 einer Kaufkraft von ca. 21 Euro. Sie übersiedelt ins jüdische Lehrlingsheim in der Malzgasse 7 im 2. Wiener Bezirk. Nun lebt sie in unmittelbarer jüdischer Umgebung. Sehr viele Ostjuden, die während des Ersten Weltkriegs nach Wien geflohen sind, prägen das Straßenbild. Sie sind sehr arm, orthodox und sprechen Jiddisch. Es gibt sechs Synagogen und ungefähr dreißig Bethäuser.

Das Lehrlingsheim wird streng rituell geführt. Eigentlich ist es ihr Wunsch, Krankenschwester zu werden, was aber erst ab dem achtzehnten Lebensjahr möglich ist. Man rät ihr daher, ein Handwerk zu erlernen. Sie wäre gerne Schneiderin geworden, bekommt aber keine Lehrstelle und so wird sie wider Willen Modistin. Dabei versteht sie nicht, wie jemand überhaupt einen Hut tragen kann. »Ich habe das einfach idiotisch gefunden, dass ich da stundenlang sitzen soll, dass sich die einen Scherm aufsetzen kann.«[17] Noch dazu sind die Hüte sehr teuer.

1932 wird Engelbert Dollfuß Bundeskanzler, im März 1933 schaltet er das Parlament aus, regiert diktatorisch und begründet den austrofaschistischen Ständestaat. Am 12. Februar 1934 bricht ein viertägiger Bürgerkrieg zwischen Heimwehr und Schutzbund aus. Heimwehr und Schutzbund waren rechte und linke paramilitärische Organisationen. Die Sozialdemokratische Partei wird verboten, KPÖ und NSDAP sind schon 1933 aufgelöst worden. Die ständestaatliche Verfassung garantiert den Juden und Jüdinnen uneingeschränkte bürgerliche Rechte und Religionsfreiheit.[18] Der Staat gibt sich offiziell judenfreundlich, toleriert aber weitgehend den christlichen Antisemitismus.

Im Jahr 1934 ist Vilma zwar noch nicht politisiert, erlebt den 12. Februar aber schon sehr bewusst. Im 19. Bezirk hört sie die Schießerei und hat Angst. 1935, mit sechzehn Jahren, schließt sie sich dem Kommunistischen Jugendverband an, der so wie die KPÖ verboten ist, und wird dort politisch aktiv. Sowohl die Kommunistische Partei als auch der Kommunistische Jugendverband sind 1918 gegründet worden. Angeworben wird sie von einer Freundin, die sie für sehr verlässlich hält. Anlass ist letztlich, dass einer ihrer Cousins, der in der Sozialdemokratischen Partei sehr engagiert ist, im Februar 1934 plötzlich verschwindet. Jedoch auch die Haupt- und Berufsschule sind bestimmend für ihren Beitritt zum KJV. Für Vilma ist es von Anfang an klar, dass sie ihrer Gesinnung nach da hingehört. Es scheint ihr der einzige Weg, gegen Ungerechtigkeiten, die für sie kaum zu ertragen sind, anzugehen. Vilma erinnert sich an eine Begebenheit aus der Zeit in der Berufsschule, über die sie sich sehr empört hat: Als eine Mitschülerin eine Lehrkraft nicht grüßte, wies diese die Schülerin wütend zurecht:»Die Lehrer hat man zu grüßen. Ich erwarte ja nicht, dass du den Schulwart grüßt.«[19] Vilma war außer sich, stand auf und sagte:»Jetzt müssen Sie mir erklären, warum der Schulwart ein schlechterer Mensch ist. Er ist ein Erwachsener. Warum muss ich ihn nicht genauso grüßen wie Sie?«[20] Ein solches Aufbegehren war sehr mutig, zumal Lehrer ja Respektspersonen waren. Jedoch derartige Diskriminierungen empörten Vilma einfach von jeher.

Im Juli 1934 wird Dollfuß von einem Nationalsozialisten umgebracht, sein Nachfolger wird Kurt Schuschnigg, der bis zum Anschluss 1938 den Ständestaat diktatorisch weiterführt. Auf Empfehlung einer Freundin wird Vilma, die als sehr zuverlässig gilt, vom KJV in eine der christlichen Arbeitergewerkschaften geschickt, um die Leute dort kommunistisch zu unterwandern. Vilma gefällt es in der christlichen Gewerkschaft überhaupt nicht. Angefangen von den Volkstänzen sind diese Zusammenkünfte und Rituale für sie eine vollkommen fremde Welt. Trotzdem fügt sie sich und diskutiert eifrig mit den Mitgliedern. Jahre später im Interview scheint ihr das Ansinnen des KJVs, sie zur Agitation heranzuziehen, als Zumutung, zumal sie ja noch sehr jung und unerfahren war. Allerdings waren ihre Diskussionspartner auch nicht viel gewandter als sie.

Ein höherer Gewerkschafter will sich wiederholt privat mit ihr verabreden, sie aber findet ihn widerwärtig und erklärt ihm, dass sie auch abends keine Zeit habe, da sie so lange arbeiten müsse. Daraufhin schlägt er vor, sich um 19 Uhr mit ihr zu verabreden, sie aber erwidert, dass sie da noch lange nicht fertig sei. Diese Antwort hat unvorhergesehene Folgen. Jemand von der Gewerkschaft geht zu Vilmas Chefin und macht dieser Schwierigkeiten, weil Vilma abends so lange arbeiten müsse. Diese Vorgangsweise ist Vilma sehr unangenehm. Schließlich wollte sie ihre Chefin, die sehr anständig zu ihr war, nicht denunzieren. Sie muss dann zwar nicht mehr so lange arbeiten, mit dem Gewerkschafter trifft sie sich jedoch trotzdem nicht. Vilma hat auch Mitleid mit ihrer Chefin, die im Grunde genommen ein armer Mensch ist. Sie hat zwei Brüder, die in der Kommunistischen Partei sind und von denen einer im Gefängnis sitzt. Außerdem unterhält sie als Jüdin eine Beziehung zu einem illegalen Nazi, der ihrer Familie später hilft und sich schließlich umbringt. Schließlich waren in der Ära Schuschnigg ja nicht nur die Kommunisten, sondern auch die Nazis verboten.

Vilma bleibt weiter im KJV aktiv, wo sie hilft, Flugblätter zu drucken und zu verteilen. An einen Vorfall erinnert sie sich dabei besonders: An einem Sonntag drucken sie Flugblätter bei Eva, einem Mädchen aus bürgerlichen Verhältnissen, einer der wenigen, die nicht aus einer Arbeiterfamilie kommt. Als die Flugblätter durch einen Windstoß aus dem Fenster fliegen, kommt gerade die Hausgehilfin nach Hause, sammelt die Flugblätter zusammen und gibt Eva diese mit den trockenen Worten: »Des is Ihna owegfolln.« Sie wahrt Stillschweigen.

Die Jugendlichen im KJV machen häufig Ausflüge, gehen bergsteigen und treiben Sport. Auch diskutieren und singen sie viel. In Extrazimmern von Gasthäusern und in Privatwohnungen findet man sich zu Schulungs- und Literaturabenden zusammen.[21] Bei den Ausflügen wird der von den Müttern mitgegebene Proviant auf alle aufgeteilt und Vilma kann mitessen. Aus dem Lehrlingsheim bekommt sie nichts mit. Einmal sitzen sie während einer Nachtwanderung, ohne es zu merken, vor einer Kirche und singen das Florian-Geyer-Lied. Dieses Lied ist um 1920 entstanden und in der Zwischenkriegszeit von linken und rechten revolutionären Gruppierungen gerne gesungen und vom Nationalsozialismus im Kampf gegen die katholische Kirche eingesetzt worden.[22] Es dauert nicht lange, bis der Pfarrer herauskommt und sie mit den Worten »Ich habe so viele Seelen zu betreuen und ihr lasst mich nicht schlafen«[23] zur Ruhe auffordert. Die Aktivitäten der jungen Leute sind natürlich nicht ungefährlich, da sie ja illegal sind. Sie sind jedoch überzeugt von dem, was sie tun, und stolz darauf, etwas gegen die Ungerechtigkeiten in der Welt zu unternehmen. Sie benutzen Decknamen, ein wenig sinnvolles Unterfangen, da ohnedies jeder jeden kennt.

Vilmas Deckname ist Vera. Im KJV lernt sie auch ihren um drei Jahre älteren jüdischen Lebensgefährten, den Kürschner Arthur Kreindel, kennen. Seine Eltern sind Schuhoberledererzeuger und haben eine eigene Fabrikation. Sie sind keine reichen Leute, aber der Tisch ist immer reichlich gedeckt. Für Vilma ist Arthur nicht nur ihre große Liebe, sondern die wichtigste Bezugsperson, zumal sie als Vollwaise und Heimkind nie eine wirklich enge Beziehung zu jemandem gehabt hat. Bei ihm fühlt sie sich endlich geborgen. Vilma ist ein verschlossener Mensch und spricht eigentlich nie über ihre Gefühle. Nur was Arthur betrifft, ist trotz ihrer spärlichen diesbezüglichen Äußerungen klar, dass er der wichtigste Mensch in ihrem Leben war. Thea Scholl, die Arthur aus der SAJ (Sozialistische Arbeiterjugend) kennt, schildert Adi, wie er von allen genannt wurde, im Interview[24] mit Ruth Steindling als sehr humorvoll, geistreich, sehr gescheit, als intellektuellen Typ mit sehr lieben braunen Augen und einer Brille. »Jedenfalls war er etwas Besonderes.« Mit einem Freund von Thea, Richard Rehberger, der auch Kürschner war, arbeitete er zusammen in einem winzigen Geschäft in der Taborstraße. Richard Rehberger war Mitarbeiter des politischen Kabaretts und der Roten Spieler, bei deren Aktivitäten auch der politische Schriftsteller Jura Soyfer mitwirkte. Jura Soyfer kam 1939 im KZ Buchenwald ums Leben. Thea Scholl erzählt noch eine nette Eigentümlichkeit: »Im Kürschnergeschäft hegten und pflegten die jungen Männer ein Eichkatzerl ohne Schwanz in einem Käfig. Es war ihr Maskottchen.«

Thea hat Vilma 1947 über Toni Lehr auf dem Volksstimmefest im Prater kennengelernt, da Thea erst im Herbst 1946 aus der englischen Emigration zurückgekommen ist. Auch Thea war zu dieser Zeit Kommunistin und besuchte das jährlich stattfindende Fest der KPÖ auf der Jesuitenwiese im Prater. Thea und Vilma freundeten sich rasch an, woraus sich eine langjährige, innige

Freundschaft entwickelte. Vilma war gerade mit ihrer ersten Tochter hochschwanger. Sie erzählte Thea viel aus ihrem Leben, auch von Adi, ihrer ersten großen Liebe, und von Paris, wo sie eine Art »Puppenheim« hatten.

Zu konspirativen Aktionen treffen sich die Mitglieder von Vilmas Zelle im 2. Bezirk in einem Beserlpark gegenüber dem Augarten. »Eine Zelle bestand aus drei bis fünf Personen, die sich oft nur mit Decknamen kannten. Ein Mitglied solch einer Zelle hatte dann Verbindung mit einer anderen Zelle oder nur zu einem ›Verbindungsmann‹, der einerseits zentrales Material brachte und andererseits Informationen oder gesammeltes Geld weiterleitete.«[25] In ihrer kargen Freizeit lesen die Jugendlichen vorwiegend russische Literatur, wie es damals Mode war. Vilma kann sich Bücher nicht leisten, ist also darauf angewiesen, sich diese auszuleihen, und liest vorwiegend, was Freunde ihr empfehlen. An ein Buch erinnert sie sich besonders gut: *Nacht über Russland* aus dem Jahr 1928 von Wera Nikolajewna Figner, einer russischen Revolutionärin.[26] Vilma ist besonders beeindruckt von der Heldin des Buches, die nur von der Arbeit schwärmt, sich für das Volk einsetzt und Krankenschwester wird.

Auch für Vilma ist es ein Ideal, im Dienste des Volkes zu stehen und für andere da zu sein. Im KJV allerdings kann sie ihre Ideale nicht so umsetzen, wie sie es sich wünscht. Dort wird nicht nur agitiert und diskutiert, sondern man verbringt auch die Freizeit miteinander. So hat Vilma keine Zeit mehr, sich um das taubstumme Kind aus dem Waisenhaus zu kümmern. Dass sie das Kind »verlassen hat«, verursacht ihr Schuldgefühle. Vilmas Meinung nach gibt es im KJV generell zu wenig Solidarität. Nur in einigen wenigen Zellen, unter anderem in ihrer, halten alle sehr stark zusammen und jeder kümmert sich um den anderen.

Der KJV pflegt auch gute Kontakte zu den Revolutionären Sozialisten. Die Revolutionären Sozialisten sind die illegale

Nachfolgeorganisation der nach dem Bürgerkrieg von 1934 verbotenen Sozialdemokratischen Arbeiterpartei. Sie organisieren nicht nur Ausflüge zusammen, sondern auch politische Aktionen. Trotz der unterschiedlichen Ansichten gibt es keine Reibungen. Manchmal sind Trotzkisten mit dabei, mit denen einige im KJV sympathisieren.

Aufgrund ihrer politischen Umtriebe muss Vilma Anfang Juli 1937 das »Dr. Krüger Lehrlingsheim« verlassen. Ihre »grantige« Tante Fanny holt sie mit einem leeren Koffer vom Lehrlingsheim ab und bringt sie bei sich in der Geibelgasse 24 im 15. Bezirk unter. Auf dem Heimweg mit der Straßenbahn beklagt sich die Tante, dass sie für den leeren Koffer einen Gepäckfahrschein lösen hat müssen. Bis zu ihrer Emigration nach Frankreich wohnt Vilma bei ihrer Tante Fanny.

Einstweilen agieren die Gegner des Ständestaates, die verbotenen Parteien, nämlich die Sozialdemokratische Arbeiterpartei, die KPÖ und die NSDAP, illegal. Sie verbreiten vor allem Flugblätter und Zeitungen in Betrieben. Die Revolutionären Sozialisten werden vom Auslandsbüro der österreichischen Sozialisten in Brünn unterstützt, wo auch die *Arbeiter-Zeitung* gedruckt und in Österreich illegal verbreitet wird. Insbesondere die Nationalsozialisten betreiben eifrig Propaganda. Hauswände werden mit Hakenkreuzen beschmiert, auf Hochspannungsleitungen werden Hakenkreuzfahnen gehisst. Auch sie verbreiten illegale Flugschriften, die meist hektografiert und in hoher Auflage verkauft werden. Zusätzlich zu den Einnahmen von dort bekommen sie reichsdeutsche Spenden. Ihre Schriften wenden sich gegen den klerikalen Ständestaat, hetzen gegen Marxismus und Judentum, aber auch gegen die Monarchisten, und sind für den Anschluss an das Reich, das in leuchtenden Farben geschildert wird.[27] Die Kommunisten hingegen sind vehement gegen einen Anschluss und für ein unabhängiges Österreich. Die Gegner des autoritären Ständestaates werden verfolgt und gegebenenfalls in das Anhaltelager Wöllersdorf gebracht. Hier finden sich Kommunisten, Sozialisten und Nationalsozialisten.

Vilmas Freund Adi wird wegen kommunistischer Agitationen verhaftet und emigriert nach seiner Freilassung 1937 nach Paris, wo sich sein Freund Ernstl Blaukopf, ebenfalls ein Kürschner, bereits befindet. Mit ihm gemeinsam betreibt er dort eine Werkstatt. Da Vilma auch gefährdet ist, soll sie so bald wie möglich nachkommen. Frankreich ist bei den Linken als Emigrationsland sehr beliebt, da es dort unter Léon Blum ein Linksbündnis gibt. Léon Blum war ein sozialistischer Politiker und zwischen 1936 und 1950 mehrfach französischer Premierminister.[28] »Paris war eine Art Hauptstadt der österreichischen Emigranten.«[29]

III. »Wie kann man mit dem Teufel einen Pakt schließen?«

Jahre der Emigration in Paris

1937, nach Beendigung ihrer Lehre, folgt Vilma Adi am 23. November nach Paris. Sie organisiert ihre Ausreise selbst, von der Partei erwartet und bekommt sie auch keine Unterstützung. Unterstützt wurden immer nur Funktionäre. Das galt auch für die kommunistische Hilfsorganisation »Rote Hilfe«.[30] Vilma muss sich daher selbst »durchwurschteln«. »Se débrouiller« – »sich durchwurschteln« gehörte zu Vilmas Lieblingswörtern. Die Internationale Rote Hilfe (IRH) war eine internationale Hilfs-organisation, die mit der Kommunistischen Internationale ver-bunden war. Die IRH wurde 1922 als politisches Gegenstück zum Roten Kreuz in Moskau gegründet.

Adi hat in Paris bereits eine Wohnung gemietet, eine geräumige Wohnung, in der schon andere kommunistische Emigranten aus Wien gewohnt haben. In Paris war es damals kein Problem, derartige Unterkünfte zu finden. Auch ist es Adi und seinem Freund Ernst Blaukopf, der bereits in der großen Wohnung gewohnt hat, gelungen, sich als Kürschner mit zwei Kürschner-maschinen selbstständig zu machen, sich ins Handelsregister eintragen zu lassen und ein Atelier in der Rue d'Enghien im 9. Arrondissement zu mieten. Er hat inzwischen auch eine »carte d'artisanat«, die Ausübungsberechtigung eines Handwerks, bekommen. Sie arbeiten im Stücklohn, dürfen aber nicht für Privatleute arbeiten, was sie jedoch trotzdem tun. Sowohl Adi als auch Vilma leben nun legal in Frankreich und haben auch eine »carte d'identité«, also einen Personalausweis. Als Selbstständiger konnte man arbeiten, aber eine Arbeitserlaubnis im Angestelltenverhältnis zu bekommen, war wegen der damals herrschenden großen Arbeitslosigkeit praktisch unmöglich. Auch Vilma bekommt keine Arbeitsbewilligung und arbeitet schwarz. Sie nimmt jede Arbeit an, die sie bekommen kann. Sie näht Mascherln (Wienerisch für Schleife) auf Hüte und hütet fremde, mitunter sehr verwöhnte Kinder, mit denen sie sich nicht zu helfen weiß. Später lernt sie auch, auf der Kürschnermaschine zu nähen. Das Leben ist hart, sie haben nicht immer genug zu essen, kommen aber immer irgendwie durch.

Aus den Emigranten aus Wien konstituiert sich wieder eine Gruppe nach Art des KJV. Die Emigranten können sich legal treffen und müssen nicht fürchten, verhaftet zu werden. Auch gibt es den »Cercle Culturel Autrichien«, der sich um die Flüchtlinge und später besonders um die Frauen von Verhafteten kümmert.[31] Das ist die Kulturvereinigung der Österreicher in Paris, die Veranstaltungen, Vorträge und Konzerte organisiert, etwa auch einen Werfel-Abend. Werfels Romane erfreuen sich damals großer Beliebtheit. Das Programm des »Cercle« lockt Emigranten der verschiedensten politischen Lager an.[32] Die Tätigkeit der Kommunistischen Partei besteht auch darin, Schulungen zu organisieren. Die Genossen und Genossinnen kommen einmal pro Woche zusammen und studieren Marx und Lenin, um sich auch ein theoretisches Wissen anzueignen. Die KPÖ strebt die Unabhängigkeit und Selbstständigkeit Österreichs an, eine Haltung, die im Gegensatz zu jener der Sozialdemokraten steht, die sich schon nach dem Ersten Weltkrieg aus wirtschaftlichen Überlegungen für einen Anschluss an Deutschland eingesetzt haben. Auch der RS vertritt grundlegend andere Perspektiven im Kampf gegen das nationalsozialistische Regime. In der ersten in Frankreich erscheinenden RS-Korrespondenz erklären die Revolutionären Sozialisten: »Die Entschlossenheit, den Kampf gegen die hitlerfaschistische Gewaltherrschaft in Österreich weiterzuführen, lässt uns österreichische Sozialisten aber nicht verkennen, dass das Ziel dieses Kampfes nicht sein kann, die Unabhängigkeit Österreichs wiederherzustellen«.[33] Trotz ihrer Unabhängigkeitsbestrebungen glauben die Exilanten an eine gesamtdeutsche Revolution.

In der Gruppe wird viel über Faschismus und die Frage, ob Österreich eine Nation sei, diskutiert. Nach dem Ersten Weltkrieg und dem Zusammenbruch der Monarchie strebten fast alle politischen Kräfte eine Vereinigung mit dem Deutschen Reich an. Sozialdemokraten und Großdeutsche betrachteten den Begriff »Österreich« als Relikt aus der Habsburgermonarchie. Die Idee, Österreich als eigene Nation zu begreifen, wurde nur von einer konservativen Minderheit und der KPÖ vertreten.[34] »Aufgrund der Analyse von Alfred Klahr[35] hatte sich die KPÖ auf einen nationalen Kurs – den Kampf für die Unabhängigkeit und Selbstständigkeit Österreichs – festgelegt.«[36]

Obgleich die Sowjetunion für die Kommunisten das große Vorbild ist, sind viele kommunistische Emigranten über den Hitler-Stalin-Pakt vom 23. August 1939 entsetzt. Der Hitler-Stalin-Pakt war ein Nichtangriffspakt zwischen dem Deutschen Reich und der Sowjetunion. Ein Zusatzprotokoll sicherte die Aufteilung Polens zwischen dem Deutschen Reich und der Sowjetunion, woraufhin Hitler am 1. September 1939 Westpolen überfiel und die Sowjets bald darauf in Ostpolen einmarschierten. Als die Genossen in Paris von dem Pakt aus dem Radio erfahren, wollen sie es nicht glauben. »Wie kann man mit dem Teufel einen Pakt schließen? Dass es zwei Teufel sind, haben wir damals nicht gewusst.«[37] Der Nichtangriffspakt trifft sie wie ein Keulenschlag. In langen, schlaflosen Nächten führen die Genossen und Genossinnen heiße Diskussionen. Vilma erzählt im Interview, dass sie von den Funktionären »niederdiskutiert«

wurden. Nach Ansicht der Funktionäre war die Sowjetunion noch nicht stark genug, es musste Zeit gewonnen werden, der Pakt musste geschlossen werden. Sie ließen sich überzeugen, zumal sie auf die Sowjetunion als einzige antifaschistische Kraft alle Hoffnungen setzten. Schließlich dachten sie alle, dass der Hitler-Stalin-Pakt schon seine Richtigkeit hätte. »Die Erklärung, die sich die Kommunisten [...] nach dem Hitler-Stalin-Pakt zurechtgelegt hatten« war folgende: »Die Engländer und Franzosen haben die Russen hingehalten, sie wollten Hitler auf Stalin hetzen, sodass dieser aus Not, um sich herauszuhalten, den Pakt mit Hitler schließen musste.«[38] Die wenigen Leute, die die österreichischen Emigranten kannten und die in der Sowjetunion waren, erzählten nichts über die dort herrschenden Verhältnisse. Dennoch waren einige österreichische und auch französische Genossen vor den Kopf gestoßen und meinten: »Nein, damit wollen wir nichts mehr zu tun haben. Die Russen machen doppelzüngige Politik, es geht nur um ihre eigenen Interessen.« Die allgemeine Reaktion darauf aber war: »Letzten Endes ja, aber ihre Interessen und unsere sind ja nicht so different.«[39] Für Vilma ist klar: Wenn jemand aus der Partei austritt, gilt er als Verräter. Langbein sagt: »Ich trau' mich zu sagen, dass wir einfach das gefressen haben, was uns die Kommunistische Parteiführung (KPÖ) gesagt hat.«[40] Auch Irma Mico schreibt: »Aber trotz allem bereitete mir das plötzlich Probleme, ich war besorgt, das war so unnatürlich. Das ging mir ein bisschen gegen den Strich, aber man erklärte mir, dass es sich um eine List Stalins handelte. Er war so intelligent, dass das unmöglich ein Irrtum sein konnte. Ich habe also, so wie viele andere auch, die Krot' geschluckt.«[41]

Bestürzt sind die Genossen und Genossinnen auch darüber, dass die Sowjetunion deutsche Spione oder Leute, die direkt wegen antisowjetischer Tätigkeit eingesperrt worden sind, freilässt. Sie erklären sich diese Aktionen zu einer Bedingung des Paktes.

Nach Kriegsausbruch melden sich die Männer sofort zur französischen Armee, werden aber nicht genommen, da sie als ehemalige Österreicher nach dem Anschluss als Staatsbürger des feindlichen Auslands gelten, obwohl in ihren Dokumenten nicht »Deutsch«, sondern »Ex-Autrichien« steht. Ex-Österreicher, da Österreich nach dem Anschluss nicht mehr existierte. Sie galten demnach als Staatsbürger des Deutschen Reichs. »Die Bezeichnung ›Ex-Autrichien‹ umfasst im weiteren Sinne alle ehemaligen österreichischen Bundesbürger ohne Unterschied. In engerem Sinne jedoch bedeutet diese Bezeichnung jene ehemaligen österreichischen Bundesbürger, die sich nicht zum Deutschen Staate bekennen, auf den Schutz des Deutschen Reiches verzichten oder einen solchen Schutz *tatsächlich* nicht genießen. Diese letzteren ehemaligen Österreicher wurden, ob sie schon von früher her in Frankreich ansässig waren oder als Flüchtlinge nach dem Anschluss nach Frankreich kamen, aufgrund einer von ihnen unterfertigten schriftlichen Erklärung ›de vouloir maintenir la nationalité autrichienne‹ von der französischen Verwaltungsbehörde ausdrücklich als ›Ex-Autrichien‹ sowohl in ihren Personaldossiers als auch auf ihren Ausweisdokumenten bezeichnet.«[42] Auch Vilma will Kriegsdienst leisten und in einem Rüstungsbetrieb arbeiten. Natürlich wird auch sie als ehemalige Österreicherin nicht genommen.

Die Diskussion, ob die Männer zur französischen Armee gehen sollen, erübrigt sich, da alle Männer der von Deutschland eroberten Gebiete interniert werden. Insbesondere bricht wegen des Hitler-Stalin-Pakts eine »Kommunistenhysterie«[43] aus. Man hält die Kommunisten für Anhänger Hitlers. Zunächst sollen sich die Männer im »Stade de Colombes« einfinden und werden anschließend in sogenannte »Prestataire-Lager« gebracht. Das Stade Olympique Yves-du-Manoir ist ein Stadion in Colombes, einer Stadt rund zehn Kilometer nordwestlich des Stadtzentrums der französischen Hauptstadt Paris.[44]

1939 muss die große Wohnung aufgelöst werden, da Vilma und Adi die Miete nicht mehr bezahlen können. Adi ist verhaftet worden und Vilma wohnt in einem Hotel. Als sie auch das Hotelzimmer nicht mehr bezahlen kann, lässt man sie im Hotel arbeiten. Der Hotelbesitzer nützt sie aus, verfügt Tag und Nacht über sie und bezahlt sie schlecht. Das lässt sie sich nicht gefallen. Schließlich wird Vilma von einer Familie aufgenommen, die sie persönlich kennt. Es sind Legitimisten, nämlich Monarchisten, die auch andere Herrschaftsformen als rechtmäßig ansehen. Der Ehemann und der Sohn sind ebenfalls in einem »camp prestataire« interniert. Die Frauen der internierten Männer halten untereinander Kontakt, auch sie arbeiten als »femmes de ménage« (Putzfrauen), Heimarbeiterinnen oder machen Botengänge.

Frankreich hatte zwar Deutschland am 3. September 1939 den Krieg erklärt, die beiden Kriegsparteien jedoch hielten monatelang still. Dies bezeichnete man als »Sitzkrieg«. Die Franzosen nannten ihn »drôle de guerre« (der lustige/seltsame Krieg) – eigentlich »fausse guerre« (falscher Krieg), aus dem Englischen »phoney war« (unechter Krieg), wobei phoney als funny missverstanden wurde.[45] Nach diesem langen »Sitzkrieg« folgte am 10. Mai 1940 der »Blitzkrieg«: Am 14. Juni 1940 marschierten deutsche Truppen in Paris ein. Frankreich wurde in eine besetzte und eine unbesetzte Zone geteilt. Der deutschen Militärverwaltung unterstand Nord- und Westfrankreich. Im unbesetzten Süden war der Badeort Vichy ab Juli 1940 Sitz einer neuen französischen Regierung mit dem Staatsoberhaupt und Ministerpräsidenten Marschall Henri Philippe Pétain. Vichy war somit

Hauptstadt der sogenannten »Freien Zone«. Zwischen der besetzten und der unbesetzten Zone verlief eine Demarkationslinie, die man nur mit entsprechenden Dokumenten passieren durfte.

»Die jüdischen Kommunistinnen und Kommunisten sind nach dem Einmarsch der Deutschen politisch mehr oder weniger gelähmt. Als disziplinierte Genossen und Genossinnen müssen sie der Linie folgen, die ihnen die Kommunistische Internationale seit dem Nichtangriffspakt zwischen dem Deutschen Reich und der Sowjetunion vorschreibt: Keine antideutsche Propaganda und schon gar keine antideutschen Aktionen.«[46] Am 7. Juli 1940 schreibt die *Humanité*, das Zentralorgan der P. C. F. (Parti Communiste Français)[47]:

»Es ist in diesen unseligen Zeiten besonders tröstlich zu sehen, wie sich zahlreiche Pariser Arbeiter freundschaftlich mit den deutschen Soldaten unterhalten, sei es auf der Straße, sei es im Bistro an der Ecke. Genossen, weiter so, auch wenn das gewissen Bourgeois, die so dumm wie übelwollend sind, nicht passt.«[48]

Die Männer sind immer noch interniert, mit Ausnahme von Felix Kreissler, der bereits nach viereinhalb Monaten entlassen worden ist, weil er ein steifes Bein hat und daher für »inapte au camp« (lagerunfähig) erklärt worden ist. Neun Frauen und auch Felix bekommen von der Parteiführung, Tilly Spiegel und Franz Marek, die Anweisung, sich nach Südfrankreich abzusetzen. Tilly Spiegel, verehelichte Marek, war eine österreichische Publizistin und Widerstandskämpferin. Franz Marek, eigentlich Ephraim Feuerlicht, war ein österreichischer kommunistischer Politiker. Er war einer der führenden Intellektuellen der Kommunistischen Partei Österreichs. In der Gruppe, die in den unbesetzten Süden gehen soll, sind Rosl Wolf, Mali Fritz, Gerti Schindel, Gerda Rodel, Trude Blaukopf, Trude Kurz, Olga Huk, Franzi Gruber und Vilma Geiringer. Sie fahren zur Métrostation Porte d'Orléans und gehen von dort ungefähr dreißig Kilometer zu Fuß weiter. Nicht nur sie, sondern ganze Flüchtlingstrecks sind unterwegs. Streckenweise fahren sie mit dem Zug. Dann wiederum ziehen sie neben unendlich langen Autokolonnen her. Oft sind die Straßen durch hängengebliebene Autos verstopft. Alle aus ihrer Gruppe haben ein Bündel mit dem Notwendigsten. Sie übernachten im Freien am Waldrand. Manche lassen ihr Bündel liegen, wenn es ihnen zu schwer geworden ist. In den Städten und Dörfern hat das Rote Kreuz Nachtquartiere in Schulen und Kinos eingerichtet. Plötzlich tauchen dunkelhäutige Reiter auf, von denen es heißt, sie seien Marokkaner. Auf einmal hat Vilma kein Bündel mehr bei sich, was Gerda sehr beunruhigt. Vilma hätte doch sagen können, dass ihr das Bündel zu schwer geworden sei. Wenigstens die Decke hätte sie nicht wegwerfen sollen. Vilma aber lächelt nur schelmisch und blickt zu dem Reiter neben ihr auf. Der Reiter wendet sich daraufhin an Gerda und erklärt ihr, seine Familie sei auch irgendwo unterwegs und auf Hilfe angewiesen, weshalb er Vilma ihr Gepäck abgenommen habe.

IV. »Glaubst du, ich werde eine gute Kommunistin werden?«

Sommer 1940 in Südfrankreich[49]

Schließlich erreichen sie Montauban, nahe Toulouse. Bei der Rotkreuzstation heißt es, dass sie auf die umliegenden Dörfer verteilt werden und dort bleiben können. Lastwagen bringen die Flüchtlinge in verschiedene Dörfer. Vilmas Gruppe ist die größte und der Chauffeur fährt sie durch Kornfelder, Obst- und Weingärten einen Hügel hinauf. Dort, in Pompignan, befindet sich ein ebenerdiges Steinhaus, »une Toulousaine«, ein verlassenes Bauernhaus. Die Räume sind leer, sie müssen die erste Nacht auf dem nackten Steinboden schlafen. Am folgenden Tag müssen sie sich im Rathaus melden. Der Bürgermeister, ein Bauer, bringt ihnen Stroh und Holz, damit sie im Küchenherd Feuer machen können. Im nächstgelegenen Dorf, in Grisolles, besorgen sie sich das Notwendigste: Besteck, Teller, Konserven und Brot. Da sie kein Geld haben und gerade Erntezeit ist, fragen sie in den umliegenden Bauernhöfen nach Arbeit. Vilma und drei andere Frauen erhalten von einem Bauern Arbeit als Erntehelferinnen. Beim Morgengrauen warten sie auf dem von dem Bauern angegebenen Platz auf die Bauersleute, die aber erst gegen sieben Uhr eintreffen. Zunächst wird gefrühstückt – Brot, Speck und Wurst. Sie können essen, so viel sie wollen. Zu trinken gibt es allerdings nur Wein. Sie müssen Getreidebündel aufstellen. Die Bäuerinnen tragen bei der Arbeit Blusen und lange Röcke, was Vilma und die anderen zunächst für einen Ausdruck von Sittsamkeit halten. Sie werden aber bald eines Besseren belehrt. Abends ist ihre Haut nicht nur knallrot und tut weh, Arme und Beine sind auch von den Halmen stark zerkratzt.

Als Flüchtlinge aus Paris bekommen sie so wie alle anderen Pariser als Unterstützung von der Stadtverwaltung siebzig Francs in der Woche. Sie müssen nicht hungern. Vilma geht täglich ins Dorf einkaufen und bringt auch öfters Fleisch mit, das ihr ein Fleischhauer manchmal schenkt. Auch finden sie jede Menge Brombeeren, die sie mit Genuss verspeisen. Eines Abends bringt ihnen ein Mädchen einen großen Korb mit Tomaten und Gemüse. Die Mutter hat sie geschickt, weil sie sie beim Brombeerpflücken beobachtet und daher geglaubt hat, sie hätten nichts zu essen. Es gibt aber auch Obsthaine, die sie in nächtlichen Raubzügen durchforsten. Dabei werden sie einmal erwischt und vom Bürgermeister freundlich verwarnt. Eine weitere Delikatesse sind Weinbergschnecken, die sie in Salzwasser legen, wobei das Wasser wegen des vielen Schleims mehrmals gewechselt werden muss, bis es sauber ist. So wird ihr Speisezettel um Reis mit Schnecken bereichert. Als sie herausfinden, dass in einem entlegenen Dorf ein Markttag abgehalten wird, macht sich Vilma morgens auf den Weg dorthin. Als sie mittags noch nicht zurück ist, machen sich die anderen Frauen Sorgen. Schließlich kommt ein Auto, Vilma steigt aus, hinter ihr ein junger Mann mit einem Sack in der Hand. Gnädig nimmt ihm Vilma den schweren Sack ab, bedankt sich, grüßt die beiden anderen Männer im Auto, und der Wagen fährt davon. Als Vilma die Bohnen gekauft hat, hat sie die drei Männer kennengelernt, die es ihr weniger angetan haben als das Auto. Sie hat richtig spekuliert: Sie hätten doch das hübsche, nette Mädchen den Sack nicht so weit schleppen lassen können! Nach der Getreideernte arbeiten die Frauen bei der Weinlese mit. Das Schneiden der Beeren vom Rebstock ist anstrengend und verursacht Schmerzen in den Händen. All die Zeit auf dem Bauernhof ist auch Felix Kreissler mit den Frauen zusammen und wird von ihnen bemuttert.

Von Anfang an sucht die Gruppe Verbindung zu ihren Genossen in Toulouse. Auch in Südfrankreich gibt es sowohl jüdische und kommunistische Emigranten als auch Spanienkämpfer. Um Gesinnungsleute zu finden, hängen sie, so wie es viele damals gemacht haben, Zettel an Bäume und Wände. Dazu fährt Vilma per Autostopp nach Toulouse, was ziemlich gefährlich ist, da ja auf den Straßen nicht nur Franzosen, sondern auch Deutsche unterwegs sind. Einmal hält tatsächlich ein Auto mit einem deutschen Offizier. Geistesgegenwärtig steigt Vilma ein und gibt sich als Französin aus.

Schließlich finden sie einige österreichische Genossen und haben dadurch auch Verbindung mit den Freunden in Paris, etwa mit Tilly Spiegel und Franz Marek. Die Genossen kommen auch zu ihnen auf den Bauernhof, um sich einmal richtig satt essen zu können. Sie können ihnen sogar Lebensmittel für die Internierten und aus den Lagern entkommenen, illegal lebenden Genossen mitgeben. Ihr Leben ist aber unter dem Vichy-Regime stets gefährdet. Die Gestapo ist auch in der unbesetzten Zone nicht untätig und sucht in den Lagern bekannte Antifaschisten. Eines Tages tauchen französische Polizisten auf und suchen nach Flugblättern und sonstigen verdächtigen Schriften. Sie finden nichts und die Gruppe wird danach auch nicht mehr belästigt.

Der Sommer geht zu Ende und das verlassene Bauernhaus ist nicht dafür geeignet, um dort zu überwintern. Einige, wie zum Beispiel Felix Kreissler, Rosl Wolf, Trude Blaukopf und Emmi Wotitz, trennen sich von der Gruppe. Mali Fritz, Gerti Schindel und Vilma werden von Franz Marek nach Paris zurückbeordert, worüber sich besonders Vilma freut, weil sie weiß, dass Adi wieder in Paris ist. Außerdem will sie unbedingt zurück in die besetzte Zone, um den Feind zu bekämpfen. Sie hat sich die ganze Zeit über große Sorgen um Adi gemacht, den sie sehr vermisst hat. Gerda Rodel wird in die Schweiz geschickt, um von dort aus für die in Südfrankreich gefährdeten Genossen und Genossinnen Hilfe zu organisieren. Sie trifft Vilma erst nach dem Krieg wieder und erinnert sich im Nachruf an sie an die gemeinsame Zeit auf dem Bauernhof in Südfrankreich. Sie schildert Vilma als äußerst selbstlos. Auch Lotte Brainin charakterisiert sie in ihrem Nachruf[50] als »Inbegriff der Hilfsbereitschaft und Aufopferung«. Zum Beispiel kaufte Vilma damals regelmäßig für die anderen um ihr eigenes Geld Zigaretten und andere Geschenke. Sie selbst rauchte damals noch nicht. Auch Irma Mico, die Vilma nur für einen Zeitraum von vier Monaten gekannt hat, erzählt, dass Vilma etwas an sich gehabt hat, das die Leute angezogen hat. Auch war sie immer direkt und hat sich kein Blatt vor den Mund genommen.

Im Rathaus bekommt Vilma eine Fahrkarte von Toulouse nach Paris. Als sie am Bahnhof auf den Zug wartet, hört sie aus dem Lautsprecher immer wieder, dass »Ausländer, Juden und Neger den Zug nicht besteigen« dürften. Gerda, die sie zum Zug begleitet, ist voller Sorge, aber Vilma sagt ihr auf bestimmte Art: »Ich bin ja Pariserin.« Der Zug fährt ein, sie umarmen sich, da sagt Vilma leise: »Glaubst du, ich werde eine gute Kommunistin werden?«[51]

An der Grenze zwischen der unbesetzten und der besetzten Zone steigen deutsche Soldaten in den Zug und suchen per Lautsprecher Personen, die Deutsch sprechen. Vilma rührt sich nicht. Erst als ein »schiacher«[52] deutscher Soldat in den Waggon kommt, alle aussteigen lässt und die Papiere kontrolliert, fragt er sie, warum sie sich als Österreicherin nicht gemeldet habe. Vilma entgegnet: »Hab' ich mit denen a G'schäft? Bin ich ihr Dolmetsch? Was hab' ich mit denen zu schaffen?«[53] Danach teilen alle im

Abteil mit ihr ihren Proviant, worüber Vilma sich sehr freut, da sie selbst kaum etwas zu essen hat. An der Grenze hängen Plakate, auf denen steht, dass alle außer Juden, Ex-Autrichiens und Tschechen nach Paris weiterfahren dürften. Vilma ignoriert diese Warnung natürlich und fährt weiter. Um fünf Uhr Früh kommt der Zug in Paris an, aber erst um sechs Uhr darf man den Bahnhof verlassen.

.

V. In der Résistance
1. »Auf Aufriss gehen.«
Illegale Arbeit in Paris (Travail Anti-Allemand, TA)

Die Kommunistische Partei, in dem Fall Franz Marek und Tilly Spiegel, bestimmen, wer wohin gehen soll, um im Widerstand gegen die Deutschen zu arbeiten. Diese Widerstandsarbeit nannte man »Travail Allemand« oder »Anti-Allemand«, kurz »TA«. Gegründet wurde die TA von dem Tschechen Artur London, dem Deutschen Otto Niebergall und dem Österreicher »Langer« (Leopold Hagmüller), der aber bald von dem Österreicher Franz Marek ersetzt wurde.[54]

Wie schon erwähnt, wird Vilma nach Paris beordert, obwohl es in Paris gefährlicher ist als im unbesetzten Teil Frankreichs. Artur London hebt in einem Interview[55] hervor, dass die Deutschen deshalb unter mannigfaltigen Ausflüchten nur wenige ihrer Widerstandskämpfer in den besetzten Norden geschickt haben. Die Österreicher seien die engagiertesten, dynamischsten und besten Widerstandskämpfer gewesen und hätten oft ihr Leben riskiert.[56]

Inzwischen ist auch Adi freigelassen worden und Vilma zieht mit ihm in das Atelier in der Rue d'Enghien, das nur aus einem Raum besteht. Darin finden nur ein französisches Bett, ein Kasten und ein Tisch Platz. Die Wohnung liegt in einem Durchhaus, in dem sich auch die Redaktion des *Petit Parisien* befindet. Die Zeitung *Petit Parisien* ist zu diesem Zeitpunkt eine fortschrittliche Zeitung, die allerdings unter der Besatzung zunehmend reaktionär und antisemitisch wird. Das Durchhaus bietet im Falle einer Razzia Gelegenheit zur Flucht. Für viele, die ebenfalls nach Paris zurückgekommen sind, ist die kleine Wohnung Anlaufstelle. Oft schlafen sie zu viert in einem Bett. Adi muss manchmal in eine andere Wohnung ausweichen, in der es zum Schlafen nur ein Brett am Boden gibt. Im Winter müssen sie sich mit Mänteln zudecken, sie haben nur eine Decke. Es ist für Adi und Vilma selbstverständlich, die österreichischen Emigranten aufzunehmen. Auf der Straße wären sie sicher verhaftet worden. Auch Vilma und Adi sind ständig in Gefahr, verhaftet zu werden. Als Vilma einmal eine Nacht lang nicht nach Hause kommen kann, weil es Alarm gibt und man nach 24 Uhr nicht mehr auf der Straße sein darf, übernachtet sie bei Liesl Barta, einer österreichischen Freundin, die ebenfalls im Widerstand tätig ist und deren Wohnung sich in der Nähe befindet. Als sie in der Früh nach Hause kommt, ist Adi sehr aufgeregt. Vilma fragt ihn, warum er nicht bei dem vertrauenswürdigen Concierge übernachtet habe, da sie ja verhaftet hätte werden können und er dadurch auch in Gefahr gewesen wäre. Adi meint bloß sorglos, dass sie ohnehin nichts verraten hätte. Vilma aber meint, dass sie für sich nicht garantieren könne. Niemand aus der Résistance ist bisher in einer derartigen Situation gewesen. Als Vilma später tatsächlich verhaftet wird, bleibt Adi auch in der Wohnung. Vilma erweist sich als standhaft und verrät nichts. Jedoch empfindet sie Adis absolutes Vertrauen in sie als eine große Belastung.

Zu jener Zeit wird Vilma auf Betreiben Franz Mareks hochoffiziell in die Partei aufgenommen. Dieser Anlass wird mit Marek, Gerti Schindel, die ab 1941 die »Mädelarbeit« leitet, und dem »Langen« in einem Bistro mit Alkohol gefeiert. Da Vilma Alkohol überhaupt nicht verträgt, ist sie gleich »aktionsunfähig«,[57] wie sie scherzhaft im Interview erzählt. Der »Lange« ist Leopold Hagmüller, ein Bürokrat, der völlig unverständlicherweise und gegen jegliche konspirative Abmachung eine Liste aller illegalen

Namen der Widerstandskämpfer anlegt. Aufgrund dieser Liste, die die Gestapo später bei ihm gefunden hat, sind viele Widerstandskämpfer aufgeflogen und interniert worden oder ins KZ gekommen.

Durch die BBC erfahren sie, dass die Deutschen einen Überfall auf die Sowjetunion planen, was niemand glauben kann. Als die Deutschen am 22. Juni 1941 die Sowjetunion tatsächlich angreifen, ist der Nichtangriffspakt zu Ende, die Fronten sind wieder klar und die Genossen und Genossinnen erleichtert. Nun läuft im Sommer 1941 in der besetzten Zone (»zone occupée«) die sogenannte »Mädelarbeit« an. Die mit der Leitung betrauten Personen des Widerstands treten an Vilma heran und fordern sie auf, dabei mitzumachen. Der »Lange« spricht sich dagegen aus: »Mich können sie nicht dazu nehmen«, so gibt Vilma seine Argumentation wieder, »weil ich bin so blöd, wenn sie mir eine Watschen geben, erzähle ich alles. Dafür, dass ich es nicht tue, habe ich nicht garantieren können«.[58] Franz Marek hält die Bedenken des »Langen« für Unsinn und Vilma für die Arbeit in der »Mädelgruppe« für durchaus geeignet.

In den Gruppen sind Österreicherinnen und Jüdinnen in der Überzahl, es gibt aber auch Deutsche und Nicht-Jüdinnen. In Vilmas Gruppe sind alle Frauen außer Lisa Gavric Jüdinnen. Schon seit ihren Anfängen haben sich sehr viele Juden und Jüdinnen der Sozialdemokratie angeschlossen. Nicht, dass die Sozialdemokratie von Antisemitismus frei gewesen wäre, aber sie war die einzige österreichische Großpartei, die nicht programmatisch antisemitisch war und Juden erhebliche Aufstiegschancen geboten hat,[59] und auch in der Résistance waren Juden und Jüdinnen überdurchschnittlich oft vertreten.

Die Frauen bekommen falsche Papiere. Vilma erhält zuerst eine »carte d'identité« als Tschechin, später dann als Elsässerin.

Diese Papiere werden von dem österreichischen Maler Heinrich Sussmann, der ebenfalls in Paris in der Résistance aktiv ist, hergestellt.

Vilmas Deckname ist Annette Schmidt. Sie ist in einer Gruppe junger Frauen zusammen mit Friedl Weizenbaum, Rosl Funk, Irma Schwager, Liesl Barta, Maria Weißgerber und Trude Blaukopf. Die Arbeit besteht darin, deutsche Soldaten auf der Straße anzusprechen und sich »aufreißen« zu lassen, wobei die Frauen immer zu zweit gehen und auch meistens zwei Soldaten zusammen ansprechen. Sie tun so, als ob sie spazieren gingen, wobei sie die Nähe von Kasernen und belebte Boulevards bevorzugen. Auch mit der Métro fahren sie gerne, weil sich dort viele deutsche Soldaten aufhalten. Da können sie sich in ein Gespräch einmischen, insbesondere, wenn sich die Soldaten in Paris noch nicht gut auskennen. Die jungen Frauen sprechen auf der Straße und in der Métro Deutsch, damit man sie für Deutsche hält. Dabei werden sie oft von Franzosen angerempelt, weil diese glauben, die »Mädel« seien Soldatenbräute der Deutschen. Um aufzufallen, klagt zum Beispiel eine laut, sie habe arge Zahnschmerzen. Es ist kein Problem, angesprochen zu werden, es findet sich immer ein Soldat, der sich auf ein Gespräch einlässt. Franz Marek empfiehlt den jungen Frauen, den Soldaten zunächst einmal zuzuhören, sie erzählen zu lassen, wie sie lebten und wie sie sich in Frankreich fühlten, von ihnen zu hören, wie die Stimmung in der Armee sei und was die anderen Soldaten sagten.[60] Die Frauen nennen diese Arbeit scherzhaft »auf den Strich« oder »auf Aufriss« gehen. Zunächst sollen die Soldaten auch diesen Eindruck haben. Sie sind meistens jung, zumeist nicht älter als fünfundzwanzig oder siebenundzwanzig Jahre. Die Frauen helfen den Soldaten unter anderem beim Übersetzen in Geschäften oder auf Märkten und verwickeln sie nach und nach in politische Gespräche, in Gespräche über den Krieg, den Faschismus und

Nationalsozialismus, und versuchen, sie von der Sinnlosigkeit des Kriegs zu überzeugen, sie gegen das NS-Regime aufzuhetzen und sie aufzufordern, zu desertieren oder bei passender Gelegenheit auf die andere Seite überzuwechseln. »Es war der schönste Tag unserer Tätigkeit, als wir durch Radio Moskau erfuhren, dass an der Front ein österreichischer Soldat mit dem ›Soldat im Westen‹ auf die russische Linie übergelaufen war. Das war für uns der Beweis, dass unsere Arbeit nicht zwecklos war.«[61] »Der politischen Tätigkeit der ›Mädel‹ kam die Sehnsucht solcher Soldaten nach menschlicher Aussprache entgegen, nach einer freien Stunde, die sie in der zivilen Umgebung eines Cafés mit einer gutaussehenden Frau einfach verplaudern konnten.«[62] Oft fahren die Frauen in bis zu fünfzig Kilometer weit entfernte Dörfer, um dort Soldaten »aufzureißen«, damit diese ihnen nicht nachgehen können und um sicher zu sein, sie nicht in Paris auf der Straße zu treffen. In Versailles gibt es eine Kaserne, wohin viele Soldaten von der Ostfront transferiert werden, um dann abermals an die Ostfront zurückgeschickt zu werden. So bietet dieser Pariser Vorort eine relativ sichere Anlaufstelle.

Nach dem ersten Treffen müssen die jungen Frauen der Instruktorin oder dem Instruktor, damals Gerti Schindel, Lisa Gavric und Franz Marek, Bericht erstatten. Dafür werden von Mal zu Mal »Treffs« ausgemacht und, im Falle, dass der eine oder andere von ihnen verhindert sein sollte, ein Reservetreffen an einem anderen Ort. Scheinen den Instruktoren die Soldaten vertrauenswürdig, können die Treffen auch alleine fortgesetzt werden, dabei soll jeweils auch im vertraulichen »tête à tête« Distanz bewahrt werden. Sie treffen sich vor allem dort, wo sich Soldaten herumtreiben, in Cafés, auf belebten Plätzen, auf Märkten, nie aber im Stadtzentrum. Sie meiden dunkle Ecken wie Kinos oder andere Orte, an denen die Soldaten übergriffig werden können. Die jungen Frauen geben niemals ihre Wohnadresse oder ihren

Arbeitsplatz preis und dürfen sich keinesfalls nach Hause begleiten lassen. Das ist durchaus problematisch, da so mancher einsame junge Mann in der Fremde unbedingt die Adresse jener reizenden Französin aus dem Elsass herausbekommen will.[63] Bei einem weiteren Treffen drücken sie den Soldaten Flugzettel oder auch die Zeitung *Der Soldat im Westen* in die Hand und fordern sie auf, diese in der Kaserne zu verteilen und mit den Kameraden darüber zu sprechen. Die Zeitung erschien monatlich. Ihr erster Redakteur war Hans Zipper, auf ihn folgte Franz Marek.[64]

Tilly Spiegel führt ein Beispiel eines derartigen Flugblattes an:

KAMERAD! Hitler wird Deine Kinder in den Rüstungsbetrieben zu Tode schinden. MACH SCHLUSS, KÄMPFE FÜR DEN FRIEDEN, RETTE DEIN KIND!

Bei solchen Folgetreffen bringt der Soldat oft einen weiteren Kameraden mit. Diese Aktionen erfordern großen Mut.

Die Soldaten sind im Allgemeinen sehr jung, nur wenige sind etwas älter und daher auch vorsichtiger. Oft halten die Soldaten die Frauen dennoch für Spitzel und kommen nicht mehr zu einem weiteren Treffen.

Irma Mico erzählt, dass die Frauen diejenigen Soldaten, die sich als fanatische Nazis erwiesen haben, kein zweites Mal getroffen, ihnen aber doch ihre Meinung gesagt haben, nämlich dass die Deutschen den Krieg nicht gewinnen würden, dass ganz Europa gegen sie als Besatzer sei und sie sich daher über Feindseligkeiten der französischen Bevölkerung nicht wundern dürften.[65]

Im Interview mit Elisabeth Brainin erzählt Vilma folgende Anekdote: Sie sei mit Friedl Weizenbaum in Vincennes gewesen, um sich dort von deutschen Soldaten ansprechen zu lassen. Die Soldaten hätten unbedingt Boot fahren wollen. Einer der beiden sei ein typischer Deutscher, groß, blond, mit blauen Augen gewesen. Friedl hätte ihn übermütig gefragt, ob er Jude sei, er habe so was typisch Jüdisches an sich. Der Soldat sei erzürnt gewesen und hätte die beiden Frauen beinahe ins Wasser geworfen. Das hätte sie amüsiert, obwohl die Situation nicht ungefährlich gewesen sei.

Irma Schwager erzählt im Interview mit Ruth Steindling[66], dass am »Marché aux puces« (Flohmarkt) immer viele deutsche Soldaten gewesen seien. Die Frauen hätten gehört, wie die Soldaten über die Franzosen geschimpft hätten, insbesondere, dass sie so schlampig seien. Am schlimmsten seien zwei Panzersoldaten gewesen, die an der schwarzen Uniform erkennbar gewesen wären und den jungen hübschen Frauen stolz Fotos von aufgehängten Partisanen gezeigt hätten. Irma Schwager erzählt im *profil* die Geschichte folgendermaßen: »Sie fuhr mit Vilma in die Banlieue (Vorort/Vorstadt) von Paris, wo es viele Kasernen gab. Sie gerieten an verrohte, fanatisierte Panzersoldaten, die ihnen hohnlachend Fotos von Erhängten zeigten. Die beiden Frauen schlichen sich unter Vorwänden davon und wurden dann von eben diesen Soldaten dabei ertappt, wie sie neuerlich anzubandeln versuchten. Dazu kam, dass sie den letzten Zug verpassten und am Bahnhof in eine Razzia gerieten, doch die Dokumente hielten.« [67]

Die»Mädelarbeit« verlangte psychische Stärke. Man durfte sich nicht provozieren lassen. Wenn der Soldat Vertrauen gefasst hatte, erzählte er über das Leben in den Kasernen, dass er Angst hätte, an die Ostfront geschickt zu werden, oder er»renommierte« mit Bildern von Erhängten. [68]

»Mädelarbeit« klingt zwar harmlos, sie war aber in Wirklichkeit äußerst gefährlich, ein Hasardspiel, da bei jedem weiteren Treffen auch die Gestapo mitkommen hätte können. Diese Aktionen»erforderten Selbstüberwindung, Disziplin und Menschenkenntnis. Die attraktiven Mädchen mussten sich aufreißen lassen und sich dennoch die Bekanntschaften vom Leibe halten. Sie mussten ›Saujuden-Sprüche‹ über sich ergehen lassen, ohne mit der Wimper zu zucken.« [69] Es war eine einsame Arbeit, da die Frauen sich untereinander privat nicht austauschen konnten und so wenig wie möglich voneinander wissen sollten, ja oft sogar nur die Vornamen und die Decknamen voneinander kannten, damit sie im Falle einer Verhaftung beim Verhör so wenig wie möglich preisgeben konnten. Trotz dieser unfreiwilligen Distanz verband sie ein inniges Zusammengehörigkeitsgefühl.

Obgleich die Treffen höchst gefährlich waren und für die Résistance durchaus wichtig, kann man den Eindruck haben, die »Mädelarbeit« hätte nur wenig bewirkt. Sie hatte vor allem einen hohen symbolischen Wert. Für die Frauen war es auch wichtig, der Welt zu zeigen, dass Deutsche und Österreicher gegen Hitlerdeutschland kämpften. [70] Sie hatten nicht das Gefühl, ein Risiko auf sich zu nehmen, sie waren von ihrer Sache überzeugt.[71] Rückblickend waren die meisten Widerstandskämpferinnen der Meinung, dass sich die Aktionen trotz des hohen Risikos, über das sie sich oft erst im Nachhinein im Klaren waren, lohnten. Sie sahen es schon als großen Erfolg an, wenn wenigstens ein Soldat überlief oder desertierte. Die einhunderteinjährige Irma Mico zum Beispiel sagt:»Ich bereue es nicht. Wenn es wieder so weit käme, täte ich es wieder. Die Résistancearbeit war die schönste Zeit meines Lebens. Ich bin sehr stolz auf diese Zeit. Wir waren ständig in Gefahr, taten aber so, als wäre das nicht der Fall.«[72] Irma Mico trat bald nach dem Krieg aus der Partei aus. Später scherzte man in Frankreich, dass die größte Partei die»Ex-Kommunisten« seien.

Auch Franz Marek schreibt:»Ich sagte schon, es war die glücklichste Zeit meines Lebens. Später habe ich mich oft gefragt, ob sich die vielen Opfer, die wir hatten – bis zu einhundertfünfzig habe ich einmal gezählt – ›ausgezahlt‹ haben. Noch immer bin ich der Ansicht, dass, wenn der unmittelbare ›Nutzen‹ nicht immer sehr groß, auch kaum wägbar war – es immerhin ein kleiner Sektor eines großen Kampfes war, der den deutschen SD (Sicherheitsdienst) beschäftigte […].«[73] Eine Ausnahme ist Ida Margulies, die im Interview mit Eva Geber meint, dass der Gewinn dieser Arbeit in keinem Verhältnis zur Gefahr gestanden sei, der die Frauen ausgesetzt waren.[74] In diesem Zusammenhang sei erwähnt, dass zum Beispiel Lisa Gavric, die 1943 von der Partei als französische Fremdarbeiterin nach Wien geschickt worden ist, von der Gestapo einen Tag lang geschlagen wurde, weil man aus ihr herausbekommen wollte, wie die Gestapo der Widerstandskämpferinnen in Paris habhaft werden konnte. So stellte sich heraus, dass die Gestapo in Wien über die »Mädelarbeit« in Paris vollkommen informiert war.

Vilma geht abwechselnd mit Liesl Barta, Rosl Wolf, Friedl Weizenbaum, Irma Schwager, Trude Blaukopf und später dreimal mit Irma Mico auf »Aufriss«. Friedl Weizenbaum beschreibt das so: »›Würden Sie nicht lieber zu Hause bei Ihrer Familie sein?‹ Die Antwort auf diese Frage war immer sehr vielsagend. Entweder hieß es: ›Ja, wir sind ja ohnedies schon knapp vor dem Endsieg‹ oder ›Wer weiß, wie lange der Krieg noch dauert, wer weiß, ob ich jemals wieder nach Hause komme?‹ Gab der Soldat die letzte Antwort, konnte man schon etwas weitergehen und sagen: ›Finden Sie nicht, dass ein Krieg überhaupt schrecklich ist? Sie sind doch hier in feindlicher Umgebung.‹«[75]

Gelegentlich kauft sich Vilma eine deutsche Zeitung, setzt sich auf eine Bank und liest. Die Soldaten nehmen immer an, dass sie ohnehin nicht Deutsch kann und sich bloß wichtigmacht. So beginnen gelegentlich Gespräche. Spricht sie ein österreichischer Soldat an, beginnt sie von Faschingskrapfen zu schwärmen. Irma Mico, die Vilma erst im August 1942 kennenlernt und von ihr in die »Mädelarbeit« eingeführt wird, erzählt, dass Vilma sehr überschwänglich gewesen sei und geradezu »mit Händen und Füßen« gesprochen habe. Sie sei großartig gewesen. Die österreichischen Soldaten, die sich auf Vilmas Temperament eingelassen hätten, seien für Vilma »gute Nazis« gewesen. Oft hätte sie sie dann provokativ gefragt: »Wissen Sie, dass Sie den Krieg schon verloren haben?« 1942 seien die Soldaten noch siegesgewiss gewesen und hätten diese Prophezeiung entrüstet zurückgewiesen. Erst mit den Rückschlägen im Kampf um Stalingrad Anfang 1943 seien sie weniger enthusiastisch gewesen, hätten aber immer noch nicht daran gedacht, dass sie den Krieg verlieren könnten. Trotz ihres Hochmuts hätte sich oft ein längeres Gespräch zwischen Vilma und den Soldaten entwickelt, und Vilma hätte ihnen das Gefühl gegeben, dass eine Freundschaft entstehen könnte. Sei der Soldat auf Vilmas »Wiener Schmäh« eingegangen, hätte sie ihm beim nächsten Mal Flugblätter und die kommunistische Schrift »Der Soldat im Westen« mitgebracht.

Vilma wohnt zeitweise in der Gemeinde Eaubonne, rue Edouard Vaillant im Val d'Oise, fährt auch nach Versailles und Pontoise und fürchtet immer, im Zug einen Soldaten zu treffen. Ermont-Eaubonne sind zwei Gemeinden an derselben Bahnstation im Val d'Oise. Pontoise liegt weiter draußen an derselben Bahnlinie. Oft fährt sie mit dem Rad, da ihr das Zugfahren zu langweilig ist. Ihr Fahrrad hat, wie damals in Frankreich üblich, ein Nummernschild, ihr Rad läuft auf ihren richtigen Namen, da sie das Rad schon vor der Illegalität gekauft hat. Deshalb hat sie auf dem Gepäckträger stets irgendein Kleidungsstück, von dem ein Zipfel das Nummernschild verdeckt, sodass man die Nummer nicht sehen kann. Eines Abends gerät sie mit dem Rad auf dem Weg zum Bahnhof in eine Razzia. Da sie es eilig hat, bittet sie den Polizisten, sie vorzuziehen. Er tut das anstandslos, kontrolliert ihre falschen Papiere und vergleicht sie mit der Plakette am Rad. Ihm fällt nicht auf, dass auf der Plakette eine andere Adresse als in den Zulassungspapieren steht, und er lässt sie weiterfahren. Vilma wird erst danach bewusst, dass sie die auf der Plakette angegebene Adresse gar nicht kennt.

Einmal hält ein Soldat Vilma für ein »Blitzmädel«, da sie wie diese eine graue Bluse und ein blaues Kostüm trägt. Er sagt ihr glatt ins Gesicht: »Mir kannst du nichts einreden. Die Bluse verrät dich.« »Blitzmädel« waren Wehrmachtshelferinnen, die als Telefonistinnen, Sekretärinnen oder Stenotypistinnen auch in den besetzten Gebieten arbeiteten.

Anlässlich eines anderen Treffens sitzen Vilma und Irma Schwager in einem Café mit einer Glaswand. Sie diskutieren eifrig, erst beim Weggehen bemerken sie, dass hinter der Glaswand Offiziere sitzen, die wahrscheinlich alles mitgehört haben. Es passiert jedoch nichts.

Prinzipiell hat Vilma zu ihren Nachbarn in ihrer Umgebung Vertrauen. Sie kennt ja auch viele Franzosen in Paris, wird man auf der Straße mit einem Deutschen gesehen, läuft man Gefahr, in ein schlechtes Licht zu kommen. Als sie einmal in Begleitung eines deutschen Soldaten der Hausbesorgerin und einer anderen Frau aus dem Haus auf der Straße begegnet, tun alle so, als ob sie einander nicht kennen würden. Die Begegnung wird in der Folge nie erwähnt, bis Vilma es schließlich nicht lassen kann und die Hausbesorgerin doch darauf anspricht. Diese meint, wenn Vilma das tue, werde sie schon wissen, warum. Sie hätte sicher einen Grund dafür.

Obgleich in dem Haus, in dem Vilma und Adi in Paris wohnen, offensichtlich alle wissen oder zumindest ahnen, was die beiden tun, verrät sie niemand. »Der Concierge war der Beste. Das war ein Polizist und der war in Ordnung. Der hat auf uns alle geschaut.«[76] Allerdings können sie in dem Haus unmöglich bleiben, da man sie dort über kurz oder lang sicher finden würde. Nachdem sie schon eine Weile in der Illegalität sind, finden sie endlich ein kleines Häuschen in Eaubonne, das einer Nachbarin aus der Rue d'Enghien gehört. Es besteht aus einem Zimmer, einer Küche, einem Vorzimmer und einer Toilette. Selbstverständlich gibt es dort keine Concierge. Auch müssen sie sich dort nicht anmelden, da ihnen die Vermieterin das Häuschen ohne Vertrag überlässt. Sie spricht den Namen Kreindel schlecht aus, sodass die Leute im Dorf Adi und Vilma mit Monsieur und Madame »Krinelle« ansprechen. Die kleine Einzimmerwohnung in Paris, die offiziell auf den Namen Kreindel geht, behalten sie und bringen nur die spärlichen Möbel nach Eaubonne. So haben sie immer eine Möglichkeit, sich zu verstecken, sollten sie einmal in Paris festsitzen. Obwohl sie sich in dem kleinen Häuschen in Eaubonne beobachtet fühlen, ist es ein relativ sicherer Ort. Im Nachbarhaus wohnt die Greißlerin, die vis-à-vis ihr Geschäft hat. Sie wird wohl gewusst haben, dass mit den beiden etwas nicht stimmt, weil sie nichts auf Marken kaufen konnten. Da die Lebensmittelmarken nicht auf ihre Decknamen, sondern auf ihre richtigen Namen ausgestellt sind, kaufen sie monatlich ihre Essensration zum normalen Preis, die Greißlerin fragt jedoch nie nach. Da sie als Widerstandskämpfer und -kämpferinnen nicht arbeiten konnten, ist anzunehmen, dass die Partei sie finanziell unterstützt hat. Den Leuten in ihrer Umgebung vertrauen sie intuitiv. Nur Madame Tabouret, vor der sie das ganze Dorf warnt, ist eine dumme, alte und geschwätzige Person, die stets am Fenster sitzt und alles genau beobachtet, damit ihr auch ja nichts entgeht. Vilma und Adi kommen immer spät und zu unterschiedlichen Zeiten nach Hause – sie führen eine höchst ungewöhnliche Ehe, worüber sie sich bestimmt den Kopf zerbrochen hat.

Die Begegnungen mit den Soldaten lassen Vilma nicht immer gleichgültig. Insbesondere erinnert sie sich im Interview an einen ganz jungen Deutschen, der ihr eine ganz ernst gemeinte Liebeserklärung gemacht hat. Es geht ihm schlecht, er weiß, dass er an die Ostfront muss, und bittet sie, ihm zu schreiben. Sie antwortet ihm, dass er ihr nicht zurückschreiben könne, da sie in der Illegalität sei und keine Adresse habe. Da ihm das egal ist, schreibt sich Vilma tatsächlich seine Feldpostnummer auf und versteckt sie zu Hause in ihrer Knopfschachtel. Er tut ihr so leid, dass sie ihm wirklich eine Karte schreibt. Als sie dann später verhaftet wird, macht sie sich Gewissensbisse, da die Adresse ja in der Knopfschachtel liegt.

Vilma ist sich der Gefahr, in der sie sich befindet, nicht wirklich bewusst. Sie betrachtet ihre Widerstandsarbeit als ihre Pflicht

und ist offenbar stolz auf das, was sie leistet.[77] Sie macht sich bei
positiv verlaufenden Gesprächen Illusionen, dass ihre Widerstandsarbeit tatsächlich etwas bewirken könnte. Und wirklich
kommt es, wenn auch selten, vor, dass Soldaten desertieren, es
bilden sich sogar innerhalb der Kasernen kleine Widerstands-
gruppen. Vilma kommt auch zu Ohren, dass Soldaten planen,
von der Ostfront überzulaufen. Einige desertieren zu den französischen Partisanen.

Irma Mico beschreibt Vilma folgendermaßen: »Seit unserem
letzten Gespräch muss ich ständig an Vilma denken. Sie war so
jung, fröhlich und voll Lebenslust, als ich sie 1942 in Paris ken-
nenlernte. Sie machte ihre Arbeit in der Travail Allemand mit
Enthusiasmus und einer grenzenlosen Hingabe. Ich erinnere
mich an einen gemeinsamen ›Spaziergang‹ in Versailles. Die
Deutschen führten sich wie die Eroberer auf, denen nichts und
niemand widerstehen konnte. Wir waren zu dritt, Friedl, Vilma
und ich. Wir ließen uns von jungen Deutschen ansprechen und
jede von uns nahm sich einen vor. Vilmas Stärke war es, beiläufig
ein Gespräch über den Krieg zu beginnen. Sobald wir begannen,
von der Ostfront zu sprechen – Stalingrad war damals hochaktu-
ell –, war es mit der Arroganz der Deutschen vorbei und sie
gestanden uns, dass sie nichts mehr fürchteten, als an die Ostfront geschickt zu werden. Weiters kann ich dir sagen, dass alle
Frauen von der ›Mädelarbeit‹ Vilma sehr mochten, vielleicht
auch deshalb, weil sie bei Weitem die Jüngste war. Vilma war ent-
zückend, jung und immer fröhlich.«[78]

Während Vilma in der »Mädelarbeit« engagiert ist, hat Adi
die Aufgabe, Informationen zu sammeln und mit einem Spe-
zialradio nicht nur BBC, sondern auch französische, deutsche
und russische Sender zu hören. Unter den Widerstandskämpfern
und -kämpferinnen wird heftig diskutiert, ob es sich um einen
antifaschistischen oder vielmehr einen imperialistischen Krieg

handle. »Die kommunistischen Parteitheoretiker sprechen von einem ›imperialistischen Krieg‹, in den Frankreich und England gegen Deutschland verstrickt seien.«[79]

Adi und Vilma sehen sich nicht sehr oft und sprechen nur wenig über ihre Arbeit. Durch die BBC erfahren sie schon im Jahr 1942, dass im Osten Juden vergast werden. Es ist so unvorstellbar, dass niemand daran glaubt.

2. »An jedem Todesurteil stirbt man nicht.«
Verhaftung – Prozess

Am 3. Dezember 1942 wird Vilma als Erste aus ihrer Gruppe in Maison Lafitte, einem Vorort von Paris, verhaftet. Das Verhängnis beginnt damit, dass Trude und Vilma in den Lunapark gehen. Sie kommen bei einer Wahrsagerin vorbei, die Vilma unbedingt konsultieren will. Bei der Gelegenheit sprechen sie zwei Soldaten aus Versailles an und die beiden Frauen beschließen, mit ihnen zu reden, obwohl der Lunapark als Vergnügungspark stark frequentiert und somit gefährlich ist und deshalb nicht zu ihrem Revier gehört. Jede macht dann mit einem Soldaten ein Folgerendezvous aus, wobei Trude bei ihrem Soldaten gleich ein ungutes Gefühl hat und sich nicht mehr mit ihm trifft. Vilma hingegen findet ihren Soldaten vertrauenswürdig, insbesondere deshalb, weil er ihr erzählt, dass er Vierteljude sei. Es ist ausgemacht, dass Vilma sich noch einmal mit dem besagten Soldaten in Chantilly treffen soll, wo auch die Pferderennen stattfinden und er stationiert ist. Fast hätte Vilma den Zug nach Chantilly nicht erreicht, weil sie auf die aktuelle Ausgabe des *Soldat im Westen* wartet, die aber noch nicht fertig ist. Vilma bedauert das, weil sie den Soldaten für besonders zuverlässig hält. Der Soldat kommt jedoch nicht allein zu dem Treffpunkt, sondern in Begleitung zweier deutscher Feldgendarmen.[80] Der Soldat verschwindet und einer der Feldgendarmen fordert Vilma auf mitzukommen, um sich auszuweisen. Da es Dezember und gegen 18 Uhr ist, ist es bereits dunkel und Vilma schlägt vor, ihren Ausweis unter einer Laterne in der Nähe kontrollieren zu lassen. Der

Polizist besteht darauf, dass sie mitkommt. Sie kommt auf die Gestapoaußenstelle in der Rue d'Orsay und wird verhört. Sie wird weniger gefoltert als andere, da die Feldgendarmen nicht wissen, was sie ihr vorwerfen sollen. Jedoch weisen die Polizisten Vilma darauf hin, dass der Soldat ausgesagt hat, sie habe ihn zum Desertieren animiert. In ihrer Unverfrorenheit sagt Vilma: »Na, das soll er mir doch ins Gesicht sagen!«[81] Die Polizisten antworten darauf, er sei von der Kaserne unabkömmlich. Der Soldat war erst achtzehn Jahre alt und sich offenbar nicht darüber im Klaren, was er angerichtet hatte. Vilma meint in beiden Interviews,[82] dass sie ihm das aufgrund seiner Jugend nicht verübeln hat können. Damals allerdings »hätte sie ihm am liebsten die Gurgel umgedreht«.[83]

Vilma selbst war noch sehr jung, unerfahren, zu unvorsichtig und risikofreudig – und sie hatte Pech. Viele andere, die ebenso unerfahren und risikofreudig waren, hatten das Glück, nicht verhaftet zu werden.

Am Tag der Verhaftung hat sie außer ihrem gefälschten Personalausweis und den auf ihren richtigen Namen lautenden Lebensmittelkarten nichts bei sich. Auf die Frage der Polizei, wer die Eigentümerin der Lebensmittelkarten sei, antwortet sie schlagfertig, eine Freundin in Südfrankreich, die dort keine Lebensmittelkarten habe, sodass sie ihr diese immer nachschicke. Nach der Adresse der Freundin befragt, antwortet sie wieder schlagfertig, sie schicke sie immer »poste restante«. Vilma macht sich nicht viel daraus, dass die Polizei die Lebensmittelkarten bei ihr findet, da sie sie, wie sie meint, »wohl nicht zweimal an einem Tag verhaften werden«.[84] Bei der Verhaftung findet die Gestapo bei ihr den Roman *Jud Süß* von Lion Feuchtwanger. Einer der Gestapoleute fragt sie, wie sie zu dem Buch gekommen sei, da es doch verboten sei, es zu lesen. Schließlich sei Lion Feuchtwanger ja Jude. Vilma erwidert geistesgegenwärtig, sie habe diesen herrlichen Film gesehen und deshalb das Buch gekauft. Es handelt sich dabei um den von den Nazis inszenierten Propagandafilm gegen die Juden von Veit Harlan nach dem Roman *Jud Süß*. Auf die Frage, woher sie es habe, antwortet sie, sie habe es bei einem Bouquinisten in Paris gekauft. In dem Buch befindet sich ihre Wochenkarte für den Zug als Lesezeichen. Offenbar glaubt der Gestapomann tatsächlich, dass es sich um das Buch zum Film handle, und beachtet es nicht weiter. Hätte er die Wochenkarte gefunden, hätte er gewusst, in welchem Dorf sie wohnte. Wäre er mit einem Foto von Vilma von Haus zu Haus gegangen, hätte sie jeder erkannt.

Franz Marek erfährt gleich am nächsten Tag durch andere Gefangene von Vilmas Verhaftung. Als Adi davon Kenntnis bekommt, bleibt er noch eine Weile in der gemeinsamen Wohnung in Eaubonne, obwohl das sehr gefährlich ist. Er ist sich jedoch sicher, dass Vilma nichts verraten wird.

Am 5. Dezember 1942 wird sie nach Fresnes, in das große Pariser Gefängnis, überstellt. Das Gefängnis erlangte besondere Bedeutung, als während der deutschen Besetzung Frankreichs unter dem Einfluss der Gestapo politische Gefangene dort festgehalten und auch gefoltert wurden.[85] Die Gestapo vermutet zwar, dass Vilma irgendetwas mit Politik zu tun hat, weiß aber nichts Genaues. Täglich kommen sie und behaupten, sie hätten jemanden, der gegen Vilma aussagen könne. Vilmas Kommentar: »Da habe ich gesagt: ›Na, her damit! Den will ich sehen, der etwas gegen mich aussagen kann.‹ Na, sie haben mir nie jemanden gegenüberstellen können.«[86]

Die Polizisten gehen in das Haus in der Rue d'Enghien zu der auf den Lebensmittelkarten angegebenen Adresse, da Vilma dort ja legal gemeldet ist. Sie gehen von Tür zu Tür und befragen alle Mieter und den Concierge, ob sie eine Vilma Geiringer kennen würden, und zeigen ihnen die Lebensmittelkarten, auf denen sich aber kein Foto befindet. Offenbar hat sie kein einziger Mieter verraten, auch der Concierge nicht. Nach drei Monaten gehen die Polizisten noch einmal in das Haus. Da sie Vilma bei der Verhaftung den Schlüsselbund abgenommen haben, finden die Beamten schließlich Zugang zu Vilmas Wohnung, wo sie legal gemeldet ist. Die Wohnung ist bis auf einen Kasten leer. Im Kasten finden sie Vilmas österreichischen Pass und haben somit die Bestätigung, dass Anette Schmidt und Vilma Geiringer ein und dieselbe Person sind.

Daraufhin wird sie stundenlang verhört. Als sie gefragt wird, weshalb sie nicht gleich zugegeben habe, dass Vilma Geiringer und Annette Schmidt ein und dieselbe Person seien, antwortet sie:»Wissen Sie, ich habe mir gedacht, Sie müssen selber draufkommen.«[87] Daraufhin will man wissen, weshalb sie denn falsche Papiere habe. Sie begründet dies damit, dass sie Jüdin sei. Nun interessiert man sich dafür, wie sie zu den falschen Papieren gekommen sei. Sie erklärt dies folgendermaßen:»›Sie, das ist so einfach, man braucht nur in ein Kaffeehaus gehen und ein bisserl weinen und sagen, dass man kein Geld hat, dann kriegt man falsche Papiere.‹ In jedes, habe ich gesagt, kann er gehen.«[88] Nach dreimonatiger Haft wird ihr Anfang März ein regulärer Prozess gemacht. Bis dahin hat man ihr nichts nachweisen können. Sie ist sich über den Ernst der Lage nicht wirklich im Klaren, macht sich ständig über den deutschen Richter lustig und lacht über alles, was er sagt. Als der Richter meint, man müsse sich jetzt zur Beratung über das Urteil zurückziehen, lacht sie und sagt, dass ihr das Urteil egal sei. Der Richter weist sie daraufhin zurecht und bedeutet ihr, dass das Urteil auch lebenslänglich lauten könne. Frech repliziert sie:»Das ist mir wurscht, wie viele Jahre Sie mir geben, wenn der Krieg aus ist, da gehe ich nach Hause.«[89] Daraufhin antwortet der Richter:»Da brauchen Sie sich keine

Illusionen zu machen, denn wir haben schon Einrichtungen, dass Sie nicht mehr nach Hause kommen.«[90] Vilma versteht offenbar nicht, was er damit meint, geschweige denn, was ihr noch bevorstehen könnte, obgleich sie schon von Konzentrationslagern gehört hat. Über deren Art und Ausmaß ist sie sich jedoch nicht annähernd im Klaren. »Man kann Sie auch zum Tode verurteilen«, fährt der Richter fort.[91] Unverfroren antwortet sie: »An jedem Todesurteil stirbt man nicht.« Sie glaubt offensichtlich nicht an die Ausführung eines Todesurteils, da zur damaligen Zeit viele Todesurteile auch eingestellt wurden. Nur dass sie nach Hause gehen könne, darüber macht sie sich keine Illusionen.

Im Interview[92] beschreibt sie ihre damalige zuversichtliche psychische Verfassung. Sie hätte gewusst, dass Leute gefoltert und umgebracht wurden, dass Leute bei Verhören starben, auch dass Leute auf Transport gingen, allerdings hätte sie nicht gewusst, wohin. Dennoch hätte sie vor dem Sterben keine Angst gehabt. Sie hätte einfach gedacht: »Wenn sie einen einmal haben, dann ist eben Schluss.« Sie hätte vermutet, dass die Leute geköpft oder erschossen wurden, dass es jedoch noch ganz andere Methoden gab, hätte sie zum damaligen Zeitpunkt noch nicht gewusst. Jahre später hielt sie ihr »kühnes« Verhalten für dumm und naiv.

Verurteilt wird sie wegen Zersetzung der Wehrmacht zu zweieinhalb Jahren Zuchthaus und zu zweieinhalb Jahren Verwahrung. Erst jetzt wird ihr klar, dass sie keinen Verteidiger gehabt hat, und sie erkundigt sich nach dem Grund. Daraufhin teilt man ihr mit, dass sie einen Pflichtverteidiger gehabt habe, der sich nur nicht vorgestellt hätte. In ihrer frechen Art antwortet sie: »Na, der hat aber das Maul nicht aufgemacht.«[93]

Wenn jemand nach dem Krieg Vilma ärgerte, sagte sie stets: »So spricht man nicht mit einer Zuchthäuslerin.« Wenn ihr späterer Chef dann meinte: »So etwas sagt man nicht«, antwortete sie: »Wieso? Ich war ja gar nicht im Zuchthaus, aber zugestanden wäre es mir. Das sind sie mir noch schuldig.«[94]

Die Gestapomänner sind offenbar über Vilmas Frechheiten empört. Friedl Weizenbaum erzählt ihr davon nach dem Krieg. Als sie selbst verhaftet worden sei, hätte ihr ein Gestapomann gesagt, dass ihm so ein freches Luder wie Vilma nicht oft untergekommen sei.

Während der Verhandlungen erfährt Vilma auch, dass die Wehrmachtssoldaten politisch geschult sind. Sie wissen davon, dass junge Frauen Soldaten ansprechen und zum Desertieren auffordern. Die Soldaten sind angewiesen, solche Frauen sofort zu melden. Die Gestapo hat jedoch vermutet, dass eine riesige Organisation dahintersteckte. Offenbar sind auch die Flugblätter, die die Frauen weitergegeben haben, nicht unbeachtet geblieben, sonst wäre die Gestapo nicht so gut darüber informiert gewesen.

Zunächst ist Vilma in Einzelhaft, da es in Fresnes nur Einzelzellen gibt. Wegen der Überbelegung ist sie nach dem Prozess jedoch manchmal mit bis zu drei Frauen in einer Zelle. Dies empfindet Vilma als Verschlechterung, da es dadurch in der Zelle furchtbar stinkt. Die Häftlinge können immerhin von Zelle zu Zelle durch die Rohre der Wasserleitung »telefonieren«. So können sie mit den Zellennachbarinnen nebenan, oben und unten sprechen. So erfährt sie, dass der Bruder von ihrer Zellennachbarin im Generalstab von de Gaulle ist. Die gesamte Familie des Bruders ist verhaftet worden. In der Zelle über ihr sitzt eine Mittelschullehrerin, eine Gaullistin, in der Zelle unter ihr eine Rechtsanwältin und in der anderen Nachbarzelle eine Studentin.

Einmal ist sie mit einer Schmugglerin aus Belgien in einer Zelle. Diese darf fast täglich zum Arzt gehen, während die anderen »krepieren können«.[95] Vilma misstraut ihr, vermutet in ihr einen Spitzel und unterhält sich vorsichtshalber nicht mit ihr.

Auch ist einmal eine Philosophiestudentin, Colette, mit ihr in der Zelle, die sehr katholisch und fromm ist. Ihre Brüder sind Pfarrer, gleichwohl macht Collette sich über die Pfarrer und die Kirche lustig. »Beten kann man auch allein«, pflegt sie zu sagen. Sie ist verhaftet worden, weil sie sich mit einer Gruppe Mädchen, die mit den Gaullisten sympathisiert haben, getroffen hat. Vilma diskutiert viel mit ihr. Nach dem Krieg bekommt sie von Colette einen Brief, in dem diese ihr erzählt, dass sie nach ihrer Freilassung aus Fresnes durch Vilma die richtigen Leute gefunden habe und so in den linken Widerstand gekommen sei. Sie sei aus Fresnes freigekommen, da der Bruder eines Mädchens aus der Gaullistengruppe Anwalt war und Einfluss bei den Deutschen hatte. Colette wird später noch einmal verhaftet und kommt in ein Konzentrationslager. Sie schreibt Vilma auch, dass sie nichts bereue, und bedankt sich bei ihr. Vilma ist in der Rückschau und nach all ihren Erfahrungen eher entsetzt, weil sie eigentlich niemanden zusätzlich in Gefahr bringen wollte. Hätte Colette jedoch noch während ihrer gemeinsamen Haftzeit zu Vilma gesagt, dass sie nach ihrer Entlassung in den kommunistischen Widerstand gehen wolle, wäre Vilma sehr stolz gewesen.

Bis 26. Mai 1943 bleibt Vilma in Fresnes inhaftiert und wird anschließend in die Festung Romainville überstellt. Die Festung ist im Oktober 1940 von den Nazis als Gefängnis adaptiert worden.[96] Nach Romainville kommen vor allem politische Häftlinge vor der Deportation. Die Häftlinge werden registriert, bekommen Nummern – Vilma bekommt die Nummer 2505 – und müssen sich diese mit einer Schnur um den Hals hängen. Des Weiteren wird von jedem Gefangenen eine Personalkarte mit den persönlichen Daten, der Religion, einem Foto und einem Fingerabdruck angelegt.[97]

Aufgrund häufiger Attentate in Frankreich erhöht sich die Anzahl der Exekutionen durch Erschießen in Romainville massiv. Diese Exekutionen erfolgen systematisch. Sechsundvierzig Häftlinge werden in alphabetischer Reihenfolge ausgewählt.[98] Ab 1942 gehen die Erschießungen stark zurück, stattdessen beginnen die Deportationen.[99] Von 1943 bis zum Ende der Besatzung werden zwei Drittel der Insassen zu den verschiedenen Pariser Bahnhöfen gebracht und in Konzentrationslager deportiert.[100] Die Anzahl der Häftlinge steigt stetig an, sodass das Wachpersonal nicht mehr ausreicht. Daraufhin führt die SS nach dem Muster der Konzentrationslager die Selbstverwaltung der Internierten ein.[101]

Außer Vilma und der Rumänin Charlotte Gruia, mit der sie eine enge Freundschaft verbindet, sind zu dieser Zeit dort nur französische Kommunisten und Juden inhaftiert. Es gibt in der ursprünglich militärischen Anlage keine Zellen, sondern einen großen Raum für die Kommunisten, die später alle in die Kasematten geschickt werden, einen Raum für die Gaullisten, und dann noch das sogenannte »NN-Zimmer« (»Nacht und Nebel«).[102] Aus dem NN-Zimmer verschwinden die Häftlinge unbemerkt. Kriminelle werden nicht in Romainville inhaftiert. Die Haftbedingungen sind um einiges besser als in anderen Gefängnissen. Die Häftlinge dürfen an die frische Luft gehen, miteinander sprechen, sie fühlen sich vergleichsweise frei. »›Ein Hafen‹, ›eine Oase‹, ›fast ein Paradies‹: So wurde die Haftzeit in der Festung Romainville oft genannt und mit den vorangegangenen Haftzeiten in anderen Gefängnissen verglichen.«[103]

In einem Zimmer sind viele Häftlinge gemeinsam untergebracht, mitunter kommt es zu großer Solidarität unter den Insassen und auch zu Widerstand gegen die Besatzer.[104] Es gibt auch heiße politische Diskussionen, einige Gefangene halten Sprach- und Tanzkurse ab, ebenso gibt es Kurse in Literatur und Geschichte.[105] Den Häftlingen gelingt es sogar, Flugblätter und später eine Zeitung, *Le Patriote*, zu produzieren. Für jedes Zimmer gibt es nur ein Exemplar, das nach der Lektüre sofort vernichtet werden muss. Wer allerdings verschärfte Haftbedingungen bekommt, muss in die Kasematten. Das sind die äußeren Räumlichkeiten der Festung. Diese haben eine Gittertür zum Hof hin, es ist feucht und finster und es gibt keinen befestigten Boden. Aber sogar von dort gelingt manchen Häftlingen die Flucht. Nach und nach füllt sich die Festung mit Häftlingen und die Bedingungen verschlechtern sich, insbesondere die Ernährung. Außer einer dünnen Suppe und Brot gibt es nichts zu essen. Die Gaullisten allerdings, die offenbar besser organisiert sind, bekommen Essenspakete, die sie mit den anderen Häftlingen teilen. So sind die Mahlzeiten ein besonderer Moment der Solidarität. Viele schmuggeln Nachrichten aus der Festung, was relativ einfach, aber auch gefährlich ist. Vilma schmuggelt nie Nachrichten aus der Festung, da alle ihre Freunde in der Illegalität sind und sie niemanden gefährden will. Irgendjemand aus ihrem Freundeskreis spürt sie aber doch immer wieder auf, und so bekommt auch sie manchmal Päckchen.

Wegen der schlechten Ernährung kommt es schließlich zu einem Aufstand der Insassen. Sie verweigern die ihnen zugedachte Suppe. Als die diensthabenden Häftlinge die Suppe aus der Küche bringen, stellen sie sich auf und schreien:»La soupe aux casemates!« Zunächst wollen die Gaullisten beim Aufstand mitmachen, holen dann aber doch für ihr Zimmer die Suppe. Die Aufständischen drängen die Gaullisten zurück, wobei Suppe verschüttet wird. Sie stellen sich geschlossen vor die Küche, bilden einen Kordon, halten sich an den Händen, damit keiner Suppe holen kann, und schreien weiter:»La soupe aux casemates!« Die Wachen, gewöhnliche Soldaten, verständigen die Kommandantur. Daraufhin kommen SS-Männer und befehlen ihnen, sofort ins Haus zu gehen, andernfalls würden sie schießen. Die Aufständischen lassen sich aber nicht einschüchtern und schreien unaufhörlich:»La soupe aux casemates!« Einer der SS-Männer schießt zweimal in die Luft, die Häftlinge bleiben stehen. Offenbar beeindruckt das den SS-Mann so sehr, dass er nicht auf die Häftlinge schießt. Allerdings werden sie hart bestraft und bekommen eine Zeit lang gar keine Suppe, nur ein kleines Stückchen Brot. Sie bräuchten ja keine Suppe, da sie sie verschüttet hätten. Auch erhalten sie keine Schreiberlaubnis mehr, Bleistifte und Papier werden ihnen weggenommen und der Kommandant sagt auf Französisch:»Wir sind hier in keinem Freudenhaus.«

Nach einer Weile bekommen sie wieder Suppe zugeteilt, jedoch weisen diese alle bis auf wenige Ausnahmen zurück. Den wenigen bringen Soldaten die Suppe und schützen sie mit Bajonetten, damit sie diese in Ruhe essen können.

Dem Wachpersonal hat der Aufstand offensichtlich imponiert und sie loben die Frauen für ihren Mut. Das ermuntert die Frauen, mit den Wachsoldaten zu diskutieren. Vilma schlägt vor, ihnen Botschaften für die Insassen der Kasematten mitzugeben, die sie dort unauffällig fallen lassen sollen. Die Französinnen sprechen sich dagegen aus, da sie von den »Boches« keinerlei Hilfe annehmen wollen. Der französische Begriff »boche« wird überwiegend als herablassende, auch diffamierende Bezeichnung für Deutsche gebraucht. Sogar als Vilma den Hund eines Wächters streichelt, bekommt sie von einer Französin zu hören:»On ne caresse pas le chien d'un boche.« – »Man streichelt den Hund von einem Boche nicht.«

Vilma findet das arg, da der Soldat ja Botschaften und Flugblätter in die Kasematten schmuggelt, ohne die Frauen zu verraten. Sie versucht, in langen Gesprächen die Französinnen davon zu überzeugen, dass es auch gute Deutsche gebe. Wäre das nicht der Fall, hätte sie auch die »Mädelarbeit« nicht machen können. Nach dem Krieg jedoch, nach allem, was sie später erlitten und erlebt hatte, gab es für sie keine guten Deutschen mehr.

VI. »Wenn Sie wüssten, wo Sie hinfahren, hätten sie es nicht so eilig.«

Auschwitz

Von Romainville kommt Vilma für einige Tage in die »Petite Roquette«, genannt »le Dépôt«, in Paris, ein Gefängnis für Widerstandskämpferinnen und Jüdinnen, eine Art Schubhaft. Offiziell wird das Gefängnis von den Nazis als Konzentrationslager bezeichnet.[106] Die Zellen sind sehr klein, nur für eine Person gedacht, werden aber mit drei Häftlingen belegt. Es gibt Stockbetten, ganz unten am Boden liegt noch ein Strohsack. Es gibt kaum etwas zu essen, nur lauwarmen Ersatzkaffee und dünne Suppe. Der Gefängnisarzt untersucht die Kranken gar nicht, sondern verordnet jedem Häftling automatisch zwei Aspirin. Yvette Sémard erzählt folgenden Dialog zwischen dem Arzt und einer Gefangenen, die vor ihr an der Reihe ist:

›»Also, Sie husten, sagen Sie?‹

›Ja, Herr Doktor.‹

›Wann husten Sie, bei Tag oder bei Nacht?‹

›Beides, Herr Doktor.‹

›Kommen Sie näher!‹

Also da bin ich wie erstarrt von dem, was ich sehe und höre: Paule hat warme Unterwäsche, ein Wollkostüm, eine Wollweste und darüber noch ein ›Schaffell‹ an und, glauben Sie mir, so dick angezogen horchte er sie ab. Der Dialog geht weiter.

›Also meine Dame, wann husten Sie am meisten, im Stehen oder im Liegen?‹

›Im Liegen, Herr Doktor.‹

›Dann bleiben Sie eben stehen!‹

Dann wendet er sich der Krankenschwester zu:
›Geben Sie ihr zwei Tabletten Aspirin!‹
Ich bin empört.«[107]

Am 28. August 1943 wird Vilma in das Internierungslager Drancy überstellt. Es ist ein Sammel-Durchgangslager, zwanzig Kilometer nordöstlich von Paris. Von hier werden hauptsächlich französische Juden und Jüdinnen mit der Eisenbahn in die deutschen Vernichtungslager transportiert, überwiegend nach Auschwitz.[108] Das Lager besteht aus einem Gebäudekomplex, der Anfang der 1930er-Jahre als soziale Wohnbauanlage geplant war. 1939 wurde dort ein Internierungslager für militante Kommunisten und Kommunistinnen errichtet, 1940, nach der Besetzung Frankreichs durch die Deutschen, wurde der Gebäudekomplex von der Wehrmacht beschlagnahmt. Im Oktober 1941 wurde das Gelände in das wichtigste Haftlager für Juden und Jüdinnen, aber auch für Angehörige anderer ethnischer oder sozialer Minderheiten umgewandelt.[109] Es herrschen dort extrem beengte, hygienisch unzumutbare und unmenschliche Bedingungen und »[…] ein solcher Platzmangel, dass alle zur Deportation Bestimmten samt der ›Reserve‹ in drei Stiegenhäusern gesammelt wurden. In jeder Stube waren ungefähr neunzig Personen. Die letzte Nacht vor der Deportation verbrachten die Häftlinge in einem unbeschreiblichen Durcheinander. Um Raum zu gewinnen, gab es keine Betten in den Stuben, zu denen man über die drei Stiegen gelangte. Die Matratzen lagen auf dem Boden und waren bald so verschmutzt, dass man sie Ende September 1942 entfernen musste. Die Häftlinge verbrachten Tag und Nacht auf dem Stroh, das sich schnell in einen Haufen von Schmutz und Staub voller Läuse und Wanzen verwandelt hatte.«[110] Von Drancy geht Vilma am 2. September 1943 in einem der legendären Viehwaggons auf Transport nach Auschwitz. Der Transport hat die Nummer 59. Auf diesem Transport befinden sich ungefähr tausendzweihundert Häftlinge. Es wird ihnen gesagt, dass es in ein Lager im Osten zum Arbeiten gehe, aber nicht, wohin. Sie haben nicht die geringste Vorstellung, was sie tatsächlich erwartet. Eine Frau mit verkrüppelten Füßen macht sich Sorgen, nicht arbeiten zu können. Woraufhin Vilma sie beruhigt, sie werde sicher eine leichte Arbeit bekommen. Von der Existenz des Vernichtungslagers Auschwitz weiß niemand. Marie-Claude Vaillant-Couturier, die ebenfalls nach Auschwitz deportiert wurde, erzählt folgende Begebenheit: Als sie bei einem Halt einmal gefragt hätten, wann sie denn endlich ankämen, hätte ihnen ein Soldat geantwortet:»Wenn Sie wüssten, wo Sie hinfahren, hätten Sie es nicht eilig.«[111] Auf demselben Transport ist auch Vilmas Freundin Ruschka, eine Polin, die sie noch aus Romainville kennt. Ein Schuster sorgt im Viehwaggon für Ordnung, wodurch die grauenhafte Fahrt etwas erträglicher wird. Auch macht er die Leute untereinander bekannt, und so freundet sich Vilma auf dem Transport mit mehreren Frauen an, besonders mit Cécile, die später ins Gas geschickt wird, und Hélène, die in Auschwitz an einer Krankheit stirbt. Auch der Schuster wird sofort vergast, da er einen Klumpfuß hat. Er sei ein fantastischer Mensch gewesen, erinnert sich Vilma.[112] Am 4. September 1943 kommt sie in Auschwitz an.

Die Ankunft im Lager ist ein Schock. Vilma erschrickt besonders über die geschorenen Köpfe der Häftlinge, die sie beim Stacheldrahtzaun sieht. Sie denkt:»›Das müssen Verbrecher sein. Da kommen wir sicher nicht hin.‹ Und dann habe ich genauso ausgeschaut.«[113] Als sie dann selbst geschoren wird, erschüttert sie das nicht mehr. Die Frauen sind alle sehr aufgeregt, sie aber sagt lapidar:»Macht euch nichts draus, wenn wir nach Hause kommen, wachsen die Haare wieder nach, wenn wir nicht nach Hause kommen, ist das auch wurscht, ob mit oder ohne Zoten.«[114] Nach und nach wird den Frauen klar, dass das ganze Lager trotz der geschorenen Haare verlaust ist.

An der Rampe werden die Häftlinge selektiert. Frauen, Kinder und ältere Leute auf die eine Seite, Junge und Kräftige auf die andere. Vilmas Freundin Ruschka, mit der sie beschlossen hatte, immer zusammenzubleiben, kommt auf die Seite der Schwachen. Als Vilma zu ihr will, sagt Mengele, der berühmt berüchtigte Arzt, der in Auschwitz die Selektionen durchführt, zu ihr, sie sei jung und könne zu Fuß gehen. Sie solle nicht so egoistisch sein. Da seien Frauen mit Kindern, die mit dem Lastwagen fahren müssten, und für sie sei kein Platz mehr. Ruschka hingegen könne mit dem Auto fahren und spätestens eine Stunde später wären sie wieder im Lager vereint. Er sagt das alles so »menschlich«, dass Vilma ihm glaubt. Als sie aber im Lager ankommt, findet sie Ruschka nicht. Sie schaut sich überall nach ihr um, sieht sie aber nirgends, weder beim Duschen noch beim Rasieren. Vilma fragt nach ihr, bis eine Slowakin sie schließlich aufklärt, dass sie auf Ruschka nicht mehr zu warten bräuchte, da sie längst vergast worden sei. Vilma will es nicht glauben. Auch die anderen Neu-ankömmlinge, denen Vilma das erzählt, glauben es nicht. Am Anfang kann niemand all die Ungeheuerlichkeiten, mit denen die Häftlinge konfrontiert werden, fassen. Nach ein paar Tagen Auschwitz ist man jedoch über nichts mehr überrascht.

Jeder Häftling, den man nicht sofort ins Gas schickt, wird registriert. Es wird ihm eine Nummer auf seinen linken Unter-arm tätowiert. »Anfang September 1941 griff man, in Ausführung des Himmler-Befehls auf der Suche nach einem Mittel, mit dem viele Menschen gleichzeitig ohne großen Aufwand getötet wer-den könnten, das erste Mal zum Giftgas. [...] Das Giftgas Zyk-lon-B, das zur Ungeziefervertilgung in Auschwitz gelagert war, bewährte sich dabei in den Augen der Lagerführung.«[115] Vilma bekommt die Nummer 58337 und einen rot-gelben Winkel in Form eines Davidsterns. Einen roten Winkel bekommen politi-sche Häftlinge, einen gelben Winkel die Juden.[116]

Vilmas erste Bekleidung ist eine russische, völlig durchlöcherte Sommeruniform. Die eigenen Schuhe werden ihr abgenommen und sie bekommt, wie alle anderen, Holzpantinen. Anfangs, als die Temperaturen noch mild sind, ist das noch kein Problem. Im Winter, als es richtig kalt wird, ist die Kälte, die überall durchbläst, unerträglich. Trotzdem hält sie durch, sie wird »abgehärtet«.[117]

Bald nach ihrer Ankunft kommt Vilma nach Auschwitz-Birkenau, zunächst ins Quarantänelager. Birkenau wurde 1941 als zweites Lager zum Stammlager Auschwitz dazugebaut und befand sich in drei Kilometer Entfernung davon. Anschließend kommt sie in das Frauenlager und wird einer Baracke mit Französinnen zugeteilt, da die sogenannten Neuzugänge nach Nationalitäten eingeteilt werden. Später wird sie dann auf Block 22 verlegt. Nur bei den Arbeitskommandos sind die Nationalitäten gemischt.

Vilma erzählt in den beiden Interviews kaum etwas über die grauenhaften Zustände im Lager. Deshalb sei hier Mali Fritz zitiert, die ihre Ankunft in Birkenau beschreibt: »Ich bin im Vernichtungslager, wankende Gestalten in elendsten Fetzen. Das Gelände ekelerregend, voller Morast, alles stinkend. Das kann kein Angsttraum sein, diese Verkommenheit könnte man im Traum nicht erfinden. Wo bin ich da hineingeraten, wieso diese Jammergestalten? Das ist nicht zu begreifen, und sie sind zu kaputt und ausgelaugt, um von uns Neuankömmlingen Notiz zu nehmen. Sie sind ganz in Verlorensein und Einsamkeit gehüllt. Über alle Maßen hungern und frieren und siech werden, hat solche Folgen, alles verkrümmt sich, es macht unkenntlich, fremd … man wird sich selbst bald ganz fremd. Nirgendwo Trinkwasser, ein verseuchtes Gelände, Typhusgefahr. Wie ein räudiger Hund wirst du aus dem sogenannten Klosett vertrieben, auch aus dem sogenannten Waschraum, wo aus einem Rohr mit Löchern dünne Wasserfäden rinnen. Getreten werden, das ist hier ein Verständigungsmittel.«[118] »Man sagt, das Frauenlager Birkenau war wohl das Allerletzte. In das Vernichtungslager Birkenau hineingejagt zu werden, heißt, in ein unübersehbares System der wüsten Auflösung und Zersetzung hineinzugeraten. Sie wollen dich erst entkräften, entmenschen und schließlich vernichten.«[119] Eine Folge dieser Umstände war bei den Frauen das Ausbleiben der Menstruation. Dazu gibt es verschiedene Theorien. »Tatsächlich ist das Ausbleiben der Periode wohl als Schutzfunktion des Körpers bei Stress, Unterernährung und harter körperlicher Arbeit zu erklären.«[120]

Lotte Brainin erzählt: »In Birkenau gab es Holzblocks oder Pferdeställe am Anfang für mich, in der Quarantäne, die ersten Wochen – ganz hohe – Holzblocks, so wie – man sagte damals, das sind alte Pferdeställe. Wo wir auf einer Koje zu neunt und zu zehnt gelegen sind, ohne Strohsack, ohne Unterlage, ohne nichts. Und – die eine Decke, die man uns hingeschmissen hat, da hat eine hingezogen und eine hergezogen. In der Nacht. Weil so viele – Personen, so viele – Körper so eng nebeneinander, es war einem jeden kalt, net? Allerdings haben wir uns aneinanderpressen können, dass uns wärmer ist. Aber so war es mit der Decke. Und – dort war das so, dass man weder austreten konnte, wann man musste, sondern dass man rausgeht. Sondern man durfte nur zu bestimmten Zeiten. Und wenn man dann doch rausgelaufen ist, weil man es schon nicht mehr ausgehalten hat, ist man zurückgeprügelt worden. Es gab keine Möglichkeit, um sich zu waschen oder Zähne zu putzen. Erstens einmal haben wir kein Zahnbürstl gehabt. Überhaupt nichts gehabt. Keine Unterwäsche, nichts. […] Und – es war einem ganz wahnsinnig kalt. Und wir wollten uns immer waschen, und es gab einen riesigen – Waschraum, da sind wir weggeprügelt worden. Beim Klo genauso. Also es haben ganz verheerende, ganz scheußliche Zustände geherrscht.«[121] Es gab überhaupt nur selten Wasser. Es gab zwar Duschen, die »Sauna« genannt wurden, wo sich die Häftlinge aber nur selten waschen durften.

Solange die Häftlinge im Quarantänelager waren, verrichteten sie noch keine richtige Arbeit, sondern mussten mit bloßen Händen unter ständigen Beschimpfungen Steine schleppen. Es waren große, schwere Steine, eine völlig sinnentleerte Arbeit: »Steine mussten im Laufschritt von einem Platz zu einem anderen getragen, dort sorgfältig aufgeschichtet werden, um dann – wiederum im Laufschritt – auf den alten Platz zurückgebracht zu werden.«[122] Für die zarte und durch die Gefängnisaufenthalte schon geschwächte Vilma kaum zu schaffen. »Jeder Stein, den man genommen hat, war diesen SS-lern noch zu klein.«[123] Sobald man auch nur einen Augenblick aufhörte zu arbeiten, hetzten die SS-ler Hunde auf die Häftlinge, die sie häufig zu Tode bissen. Vilma aber war gerissen, nahm einen großen und einen kleinen Stein und ließ den großen Stein wieder fallen. Die SS kontrollierte nur beim Abmarsch die Größe der Steine. Sie erkannte gleich, dass sie die SS-ler austricksen musste, um überleben zu können.

Vilma findet sofort Kontakt zu den kommunistisch organisierten Gruppen im Lager. Dies gelingt ihr einerseits durch Gespräche mit ihren Mithäftlingen, andererseits mithilfe von Hélène und Cécile, die sehr viele Leute kennen. Die Gruppen sind so gut organisiert, dass jede neu angekommene Kommunistin trotz der Größe des Lagers problemlos integriert wird. Hélène und Cécile allerdings waren vor ihrer Verhaftung politisch nicht organisiert, sie sind französische Jüdinnen, die von der Straße weg verhaftet worden sind.

Einerseits glaubt Vilma von Beginn an, dass sie das Lager nicht überleben wird, und versucht, auch ihren Schicksalsgenos-

sinnen die Illusion zu nehmen, jemals aus dem Lager herauszukommen. Auch macht ihnen dies die SS immer klar: »Hier gibt
es nur einen Ausweg, und das ist der Schornstein.«[124] Andererseits schlummert in ihr trotz allem die Hoffnung, doch zu überleben, und sie sagt sich, dass sie herauskommen muss, um von
diesen Ungeheuerlichkeiten berichten zu können. Dadurch entwickelt sie auch den Willen sich anzustrengen, um zu überleben.
»Auch wenn ich die Einzige bin. Ich überlebe.«[125] Dies ist nur
möglich, indem sie sich nicht gehen lässt und es ihr auch gelingt,
kein »Muselmann« zu werden. Als »Muselmann« wird im Lagerjargon ein Häftling bezeichnet, der dem Tod schon näher ist als
dem Leben. Anders kann man nicht überleben. Vilma bildet
darin keine Ausnahme. Marie-Claude Vaillant-Couturier formu-
liert das treffend: »Aber wir wussten, dass wir leben mussten,
koste es, was es wolle, da die Welt unbedingt erfahren musste,
dass derartige Dinge möglich waren. Wir selbst, die wir es sahen,
konnten es kaum glauben. Wir mussten um jeden Preis lebend
von dort hinauskommen, um der Welt zu berichten, was die
Faschisten den Männern und Frauen angetan hatten, deren einziges Verbrechen es war, die Freiheit zu lieben und für die Unabhängigkeit ihres Landes zu kämpfen.«[126]

»... auch an diesem Ort kann man am Leben bleiben und
muss deshalb auch den Willen dazu haben, schon um später zu
berichten, Zeugnis abzulegen; und für unser Leben ist es wichtig,
alles zu tun, um wenigstens das Gerippe, den Rohbau, die Form
der Zivilisation zu bewahren.«[127]

Nach dem Quarantänelager kommt Vilma, wie schon erwähnt,
in das Frauenlager, in dem, wie Rudolf Höss schreibt, die Lebensbedingungen noch unerträglicher als im Männerlager sind.
Höss war von Mai 1940 bis November 1943 Kommandant von
Auschwitz. »Für die Frauen war alles viel beschwerlicher, viel
drückender und fühlbarer, weil die allgemeinen Lebensbedin-

gungen im Frauenlager ungleich schwerer waren. Sie waren noch viel mehr zusammengepfercht, die sanitären, hygienischen Verhältnisse waren bedeutend schlechter. Auch war in das Frauenlager von Anfang an nie eine richtige Ordnung hineinzubekommen, als Folge der verheerenden Überbelegung und deren Folgen. Es war alles viel mehr Masse als bei den Männern. Wenn die Frauen einmal einen gewissen Nullpunkt erreicht hatten, ließen sie sich vollkommen gehen. Als vollkommen willenlose Gespenster wankten sie durch die Gegend, mussten von den anderen überall hingeschoben werden, bis sie dann eines Tages still hinübergingen. Diese wandelnden Leichen waren ein fürchterlicher Anblick. Das von Anfang an überfüllte Frauenlager bedeutete für die weiblichen Häftlinge in der Masse die psychische Vernichtung und dieser folgte über kurz oder lang der physische Zusammenbruch. Im Frauenlager waren in jeder Hinsicht stets die schlechtesten Verhältnisse.«[128]

Vilma kommt in einen Block, für den als Blockälteste (im Lagerjargon: »Blokowa«) eine Polin verantwortlich ist, die sehr gut Französisch spricht. »Jeder Wohneinheit – die Block genannt wurde – stand ein Blockältester vor, jeder Stube ein Stubenältester. Ein Lagerältester war der Vorgesetzte aller Blockältesten.«[129] Die Polin ist selbst Kommunistin, wodurch Vilma auch weitere organisierte Kommunistinnen im Lager kennenlernt. Die Polin hilft, wo es geht, und unterstützt die Genossinnen besonders am Anfang mit einem Stückchen Brot. Überhaupt herrscht im Lager große Solidarität, so man zu einer Gruppe gehört. Besonders die Jüdinnen aus Frankreich legen eine beispielhafte Solidarität an den Tag. Angemerkt sei, dass Polen, die Juden halfen, eine Ausnahme darstellten. Nicht nur, dass sie meist antisemitisch gesinnt waren, hatten sie auch Angst vor Bestrafung. Ein Teil der nichtjüdischen Häftlinge rechtfertigte die Massenvernichtung der Juden im Lager und freute sich sogar darüber, dass

»Hitler diese unangenehme Sache an ihrer Stelle erledigte«.[130] Insbesondere Polen und Polinnen, Ukrainer und Ukrainerinnen und Russen und Russinnen erweisen sich dort als extreme Antisemiten.

Nach dem Steine-Schleppen im Quarantänelager wird Vilma verschiedenen Kommandos zum Arbeiten zugeteilt. Sie arbeitet auf dem Feld, repariert Schuhe, arbeitet im Kartoffelbunker und in der Weberei. Die »Feldarbeit« ist ein schlimmes Kommando und genauso sinnlos wie das Steine-Schleppen. Es ist eigentlich keine Feldarbeit, vielmehr müssen sie schwere Tragen voll Erde von einem Eck zum anderen und wieder zurück schleppen. Noch dazu ist es sehr kalt, im Winter bis zu zwanzig oder dreißig Minusgraden. Vilma meint, es in ihrer Sommeruniform nicht mehr aushalten zu können. Ihre Freundin Hélène, die im selben Kommando ist, sagt:»›Du, komm mit mir aufs Klo, ich gebe dir meine Hose, ich habe eine warme Unterhose.‹ Habe ich gesagt: ›Bist du wahnsinnig, dann ist doch dir kalt.‹ Da hat sie gesagt: ›Um mich, da mach dir keine Sorgen, ich schlafe mich dann in der Baracke aus.‹ Dort war eine Klobaracke, Klolatrinen, und da war immer geheizt, denn dort war ja ein Funktionshäftling, der das Scheißhäusl bewacht hat. Der ist dort beim Ofen gesessen und hat Ordnung gehalten. Habe ich gesagt: ›Wie willst du das machen?‹ Hat sie gesagt: ›Komm mit mir aufs Klo, zieh die Hose an und du wirst sehen, wie ich das mache.‹ Wir kommen hinaus, sagt sie: ›Erschrick nicht, ich werde jetzt ohnmächtig.‹ Sie ist hingefallen, die Kapo ist gekommen: ›Du Miststück, wirst du aufstehen!‹ Hat mit dem Prügel auf sie eingeschlagen, die hat sich nicht bewegt. Dann hat sie sich von zwei Häftlingen aufs Klo tragen lassen, dass man sie dorthin legt. Ich habe nämlich geglaubt, jetzt stirbt sie sowieso, wenn die Kapo so hinhaut. Sie ist quietschvergnügt am Abend aufgestanden und mit uns nach Hause marschiert. Und ist am warmen Klo gelegen.«[131]

Überhaupt ist Hélène besonders hilfsbereit. Als sie dann später ins Mädchenorchester[132] kommt, bringt sie Vilma immer etwas zu essen mit, das sie extra für sie organisiert hat. Organisieren war »gleichbedeutend mit Stehlen, Kaufen, Tauschen, Ergattern«.[133] »In Auschwitz kann ein Häftling nur drei bis vier Monate leben – wenn er nicht ›organisiert‹.«[134] »… ein Häftling, der sein Leben bewahren wollte, musste ›organisieren‹, wie der allgemein übliche Ausdruck für das Aneignen von Gütern aus Vorratsräumen, Magazinen oder Küchen lautete, denn die offiziell verteilten Rationen waren zu gering. Man unterschied zwischen Diebstahl und Organisation. Vergriff sich jemand am Eigentum eines Mithäftlings, so wurde er von seinen Kameraden als Dieb hart bestraft.«[135] Den Häftlingen im Mädchenorchester ging es besser, sie bekamen mehr zu essen, bessere Kleidung und konnten sich täglich waschen. Es gab zwar Hilfsbereitschaft und Kameradschaft im Lager, aber auch hässliche Intrigen, wie Langbein betont. »Im Nachhinein ist man gerne bereit, das zu verdrängen und die Kameradschaft zu glorifizieren.«[136]

Anschließend muss Vilma im Kartoffelbunker arbeiten. Wenn die Häftlinge in der Früh in den Bunker kommen, gibt »die Kapo« jenen, denen sie aus einem unerklärlichen Grund gut gesinnt ist und die gut aussehen, ein Messer zum Kartoffelschälen. Dabei kann man um einen langen Tisch herumsitzen. Die anderen, die kein Messer bekommen, unter ihnen auch Vilma, müssen die schweren Holztragen mit Kartoffeln in den Bunker tragen, wo diese geschält werden. Vilma aber versucht in der Früh immer, ein Messer zu ergattern. Manchmal irrt sich »die Kapo« und gibt ihr eines. Sobald sie das jedoch bemerkt, nimmt sie Vilma mit den Worten »Muselmann, du brauchst kein Messer«[137] das Messer zornig wieder weg, obwohl Vilma zwar sehr abgemagert, jedoch noch kein »Muselmann« ist. Und Vilma muss wieder die schwere Arbeit verrichten. Manchmal gelingt es

Vilma, sich selbst ein Messer zu organisieren. Sobald »die Kapo« dies bemerkt, nimmt sie ihr das Messer mit den Worten »Muselmann, du hast kein Messer von mir bekommen« wieder weg. Auch in diesem Fall weiß sie sich wieder zu schützen und versteckt sich unter dem langen Tisch, an dem die Schälerinnen sitzen, die sie decken, obgleich diese sie nicht gut kennen. So sitzt sie den ganzen Tag »wie ein Hintl« (Jiddisch für Hund) unter dem Tisch, ohne zu arbeiten und freut sich über den Streich, den sie »der Kapo« gespielt hat. Nicht nur, dass es ihr gelegentlich gelingt, sie zu überrumpeln, »pischt« sie ihr sogar einmal ins Häferl, als sie ihr die Suppe bringen soll.

Vilma ist schon früh klar, dass sie sich, wo immer es geht, vor der Arbeit drücken muss, um zu überleben. Indem sie in gewisser Weise Widerstand leistet, bewahrt sie sich auch ein Stück Würde, was ihr auch eine psychische Stütze im Überlebenskampf ist. »In Wirklichkeit hat jeder, der zu überleben trachtete, Widerstand geleistet. Jeder Akt der Solidarität, jedes Stückchen Brot, jedes freundliche, aufmunternde Wort war Widerstand. Jeder Versuch, einem Stockhieb der Aufseher zu entgehen, war Widerstand. Aber ebenso, wenn man erhobenen Hauptes und mit Verachtung für seine Peiniger in den Tod gegangen ist.«[138] »Man darf nicht außer Acht lassen, dass der geringste Widerstand, aktiv oder passiv, eine tödliche Gefahr darstellte.«[139]

An anderer Stelle schreibt Ber Mark: »Trotz dieser unmenschlichen Bedingungen und der bestialischen Entbehrungen und des zynischen Egoismus, bewahrten sich manche ein Gefühl von Würde und Solidarität.«[140]

Nach der Arbeit im Kartoffelbunker kommt Vilma kurz in die Schusterei, wo sie zwar Schuhe reparieren soll, aber immer nur mit dem Hammer auf die Schuhe einschlägt. Vilma ist klein und zart, sieht sehr viel jünger aus, weshalb sie oft für ein Kind gehalten wird und Häftlinge ihr etwas zustecken. Sogar ein Krimineller gibt ihr einmal Zigaretten, damit sie sich darum ein Stück Brot kaufen kann.

Nach dem kurzen Intermezzo in der Schusterei und der Plackerei mit den Kartoffeln muss sie in der Weberei arbeiten. Die Weberei ist kein normales Arbeitskommando, wie Lotte Brainin erzählt: »Das war wahnsinnig anstrengend und wahnsinnig schwer.«[141] Wer Glück hatte, konnte alte Militärregenmäntel in Streifen schneiden und daraus »mesh« (aus dem Englischen: Masche) flechten. Webstühle gibt es nicht, gewebt wird mit der Hand. Vilma hat wieder kein Glück. Sie muss im Stehen weben. Die Häftlinge müssen auch schwarze, klebrige Gummistreifen, Fallschirme, Reifen und verdreckte Fetzenreste verarbeiten. Daraus werden unter anderem auch Peitschen angefertigt, mit denen dann die Gefangenen angetrieben werden.[142] Vilma hat Wasser in den stark angeschwollenen Beinen und kann nicht mehr stehen. Es ist aber Vorschrift, zehn Meter zu weben. Wenn sie sich anstrengt, schafft sie aber nur drei Meter, wofür sie Hiebe bekommt. Im Lager ist es üblich, dass man wegen jeder Kleinigkeit geschlagen wird. Auch Vilma ist an Schläge schon gewöhnt. Schlau und mutig, wie sie ist, denkt sie: »Wenn man mich schon schlägt, dann werde ich mich nicht plagen, sondern dann kann man mich für nur einen halben Meter schlagen.«[143] Freilich merkt »die Kapo« dies nach einiger Zeit und schlägt sie noch mehr. Vilma webt aber trotzdem nicht mehr als einen halben Meter. Daraufhin versetzt sie »die Kapo« in das Strafkommando der Weberei, wo sie stehend Zöpfe flechten muss. Diesmal hat sie Glück. »Die Kapo« des Strafkommandos ist ausnehmend nett und erlaubt ihr, sitzend zu arbeiten, weil sie ohnehin pfeifen würde, sobald die SS käme. Das funktioniert wunderbar. Vilma allerdings schläft oft bei der Arbeit ein und muss erst wachgerüttelt werden. Danach kommt sie ins richtige Strafkommando, wo die Bedingungen unerträglich sind. Im Strafkommando bekommen alle den »grünen Punkt«, was so viel heißt, dass man von jedem geschlagen werden kann. Wer den roten Punkt, den »Flitzpunkt«, hat, steht unter Verdacht zu fliehen – zu »flitzen«. Vilma hält es nicht mehr aus und will ins Krankenrevier geschickt werden. Selten aber kommt man aus dem Revier wieder heraus, da dort ständig Selektionen vorgenommen werden und die meisten ins Gas geschickt werden. Es mutet seltsam an, dass es in den Konzentrationslagern einen Block für Kranke gegeben hat, da das NS-System ja auf die Vernichtung ausgerichtet war. Da man die Gefangenen allerdings als Zwangsarbeiter benützte, bemühte man sich auch, sie gesund zu erhalten. Vor allem aber hatte die SS Angst vor dem Ausbruch tödlicher Seuchen.[144] Es wüteten Ruhr, Typhus, Fleckfieber, Phlegmone, Tuberkulose und andere ansteckende Krankheiten, an denen die Häftlinge reihenweise starben.

»Wer sich krankmeldete, wurde nach dem Frühappell zur Ambulanz geführt. Dort hatte er nackt zu warten, bis der SS-Arzt kam. Die Kranken mussten auf dem Gang oder in einem Nebenraum stehen, denn der SS-Arzt wollte in der Ambulanz nicht die durch Ausdünstungen verdorbene Luft atmen. Erschien der Arzt, dann hatten die Arztvormelder, wie sie im Lagerjargon genannt wurden, in einer Reihe vor diesen zu treten. Er entschied nach einem Blick über das Schicksal des Patienten und der Patientin, die ihm vom Häftlingsarzt mit knappen Worten vorgestellt wurden. Der oder die Kranke konnte in den Krankenbau aufgenommen, als gesund ins Lager zurückgeschickt oder aber für den Tod selektiert werden, falls der SS-Arzt den Eindruck hatte, dass seine Arbeitskraft nicht schnell wiederhergestellt werden konnte.«[145]

Außerdem waren die Zustände im Revier unhygienisch und ekelerregend. Marie-Claude Vaillant-Couturier schreibt:

»[…] die Strohsäcke wurden nie ausgewechselt, außer sie waren schon komplett verdreckt. Die Kranken mit verschiedenen Krankheiten lagen zu viert in einem Bett. Frauen, die zum

Beispiel mit einer Wunde am Bein reingingen, kamen nie wieder heraus, da sie sich dort mit Typhus oder Ruhr ansteckten. Die Toten wurden stundenlang bei den Kranken liegen gelassen und es gab derartig viele Läuse, dass es auf den Decken wie vor Ameisen nur so wimmelte. Nachts liefen Ratten, groß wie Katzen, durch die Räume und attackierten sogar Sterbende, wenn diese nicht mehr die Kraft hatten, sich zu wehren.«[146]

Vilma stand schon dreimal auf einer Selektionsliste, wurde aber jedes Mal von Mala Zimetbaum von der Liste gestrichen. »… von Ende August 1943 bis Februar 1944 fand alle vier Wochen eine [Selektion] statt, nicht nur in den Krankenblocks, sondern auch im Lager, wobei jedes Mal zwischen fünfhundert und tausend Frauen ausgesucht wurden.«[147]

Auch die politische Organisation im Lager ermöglichte es Häftlingen, zu überleben. Die organisierten Häftlinge waren eng miteinander befreundet, machten denjenigen Mut, die sich gehen ließen, und halfen einander, sich sauber zu halten, was von existenzieller Bedeutung war. Vilmas Freundin Cécile können die Genossinnen allerdings nicht aus dem Krankenbau herausholen, da sie so krank ist, dass sie nicht mehr aufstehen kann. Vilma kann sie schon am Weg von der Arbeit nur mit Mühe dazu bewegen, sich nicht fallen zu lassen, da das den sicheren Tod bedeutet hätte. Cécile ist eine große Frau und die kleine, zarte Vilma hätte sie nicht aufheben können.

Als Vilma darauf beharrt, ins Revier gebracht zu werden, um nicht ins Strafkommando zu kommen, raten ihr ihre Freundinnen dringend davon ab. Sie aber besteht darauf, da man sie im Strafkommando sowieso erschlagen würde. »Die Alltäglichkeit des Todes bewirkte, dass man kaum daran dachte, dass man sterben müsse, sondern nur noch, wie.«[148] Die kommunistische Lagerorganisation stimmt schließlich zu, bringt sie ins Krankenrevier, spricht mit der Ärztin, die ebenfalls ein Häftling ist und schließlich anordnet, Vilma in den Schonungsblock zu bringen. Im Schonungsblock muss man nicht zur Arbeit gehen. Auch hier besteht aber die Gefahr einer Selektion. Angesichts dieser Gefahr sagt Vilma zu ihren Mithäftlingen: »Wenn ich überlebe, dann will ich noch die Kartoffeln essen.«[149] Es gab nämlich eine neue Einführung, dass es an einem Tag in der Woche Kartoffeln als Zusatzration zu der täglichen Steckrübensuppe gab. Gerade an diesem Tag, Vilmas zweitem Tag im Schonungsblock, kommt die SS, um eine Selektion durchzuführen. Die Selektion findet nicht wie üblich vor dem Block statt, sondern im Block. Die Häftlinge müssen sich ausziehen und der SS-Arzt zeigt mit dem Daumen nach links oder rechts und teilt so die Häftlinge in zwei Gruppen. Vilma denkt, dass die ihr zugewiesene Seite nicht gut sei, und wechselt unbemerkt die Seite, wo diejenigen stehen, die besser aussehen. Vilma weiß, dass die Gruppe der schlechter aussehenden Häftlinge vergast wird. Als zwei Stunden später das Essen kommt, küsst sie die Stubenälteste, die die ganze Szene mitverfolgt hat, und gibt ihr eine extra große Portion Kartoffeln. Vilma stürzt sich auf die Kartoffeln und vergisst darüber, die Genossen zu verständigen, dass sie noch am Leben sei, worüber die Genossen verständlicherweise erbost sind, da sie ihr ja geholfen haben.

Auch ist bekannt, dass Dr. Mengele »Gesunde« für Versuche auswählt. Der für Vilmas Block zuständige SS-Mann notiert sich allerdings keine Nummern. Dies ist für Vilma eine Chance, sich zu verstecken, wobei ihr eine Polin, die Stubenälteste, hilft. Sie ist eine der wenigen Polinnen, die sich für Jüdinnen einsetzt. Vilma kriecht in einen Strohsack, über dem bei Tag Decken liegen und auf den sich die Polin setzt. Zwar kontrolliert der SS-Arzt nicht die Nummern der Häftlinge, bemerkt aber beim Abzählen, dass drei Häftlinge fehlen. Daraufhin wird der Block durchsucht. Die slowakische Blockälteste kennt Vilmas Versteck, lockt sie heraus und verrät sie. Die beiden anderen versteckten Frauen werden ebenfalls gefunden und auch zu Dr. Mengele gerufen. Er schaut sie noch einmal an, macht sich eine Notiz, setzt die drei Frauen nicht auf die Liste und lässt sie gehen. Das war eine der letzten Selektionen im Lager.

Als Vilma einmal tatsächlich krank ist und im Revier liegt, bringt eine Frau ein Kind zur Welt. Selten, aber doch, gab es schwangere Frauen im Lager, denen man die Schwangerschaft nicht ansah und die deshalb nicht ins Gas geschickt wurden. Die Entbindung muss natürlich vor der SS verheimlicht werden. Die Frau kann aufstehen und in den Block zurückkehren. Die Pflegerinnen im Revier sind so »menschlich«, das Kind nicht ins Gas zu geben. Sonst wurden Babys nämlich zumeist sofort getötet, sie wurden oft wie Katzen ersäuft. Unter Vilmas Bett ist ein Bett frei. Dorthin legen sie das in Decken eingewickelte Baby. Das Kind weint und winselt Tag und Nacht, immer leiser und schwächer, bis es schließlich tot ist. Als Folge davon ertrug Vilma später weinende Kinder nicht mehr. Am stärksten zeigte sich das Symptom bei ihrem zweiten Enkelkind.

Nachdem sie der Selektion im Juni 1944 entkommen ist, bekommt Vilma mithilfe der Genossen eine bessere Arbeit. Und zwar kommt sie nach »Kanada« zu den »Rotkäppchen«. Jedes Arbeitskommando hatte ein Kopftuch mit einer bestimmten Farbe, in »Kanada« eben ein rotes. Das Kommando nannte man »Kanada«, weil es für die Häftlinge das Paradies war. Den Häftlingen wurde bei der Ankunft das gesamte Gepäck abgenommen und in »Kanada« zusammengetragen. Die dort arbeitenden Häftlinge mussten das ganze »Pinkelpackelwerk«[150] sortieren. »Kanada war die Quelle aller Reichtümer.«[151] »Alles war da zu finden: Nicht nur Lebensmittel, Arzneien, Alkoholika und Kleidungsstücke, sondern auch Schmuck, Diamanten, Gold und Geld in allen möglichen Währungen, vor allem Dollars. Die Baracken, in denen die Effekten durchsucht, sortiert und gelagert wurden, wurden von den polnischen Häftlingen ›Kanada‹ genannt, für sie wohl ein Synonym für sagenhaften Reichtum.«[152] Von der kommunistischen Organisation ist Vilma die Einzige, die in der Tagschicht arbeitet. Die Belgier, die in der Nachtschicht arbeiten, verhelfen Vilma auch zur Nachtschichtarbeit, damit sie alle zusammen sein können und Vilma auch weniger arbeiten muss. Vilma findet oft Geld, Gold und Juwelen, eingenäht in Kleidungsstücke, die sie in die Latrinen wirft. Sie meint, es sei besser, die Wertsachen in die Latrine zu werfen, als sie den Deutschen zu überlassen. Als sie den Genossen und Genossinnen davon erzählt, halten sie dies für Wahnsinn, da die Wertsachen für Genossen, die eine Flucht planten, unerlässlich wären. Vilma ist nun mit Lotte Sonntag (später verheiratete Brainin) und Herta Mehl (später verheiratete Soswinski) in einer Widerstandszelle. Ihre Aufgaben sind Rettungsaktionen, Ermutigung, die Solidarität aufrechtzuerhalten und gegebenenfalls Nachrichten aus dem Radio oder einer Zeitung zu verbreiten.[153] Auch feiern sie in einem wenig belegten Block den 1. Mai und den Internationalen Frauentag am 8. März, wobei eine der Frauen eine kurze, feierliche Rede hält. Dies gibt ihnen Mut und moralische Kraft.[154] Lotte und Herta beteiligen sich an der Sabotage in dem Rüstungsbetrieb Union und Vilma schmuggelt Geld und Wertsachen aus »Kanada« ins Lager und übergibt alles den Genossinnen. Auch nimmt sie sich frische Wäsche und wirft ihre schmutzige weg. »Kitty Hart, die als junges Mädchen dem Kanadakommando zugeteilt wurde, […] erzählt: »»Nun […] war ich imstande, jeden Tag frische Wäsche, neue Kleider und Schuhe anzuziehen. Wir schliefen in Nachthemden aus reiner Seide und schmuggelten sogar Leintücher – den auffallendsten Luxus in Auschwitz – in unseren Block. […]‹ ›Die Mädchen, die dort beschäftigt waren, besitzen alles, Parfum, Eau de Cologne.‹‹«[155] Vilma ist nur ungefähr sechs

Wochen in »Kanada«, da dort das Kommando verkleinert wird, weil nach der Einlieferung der Ungarn im Juni 1944 weniger Transporte ankommen.

Danach kommt sie wieder mit Hilfe der Genossinnen in das Nebenlager Rajsko. Es ist das »Pflanzenzuchtkommando«, wo synthetischer Kautschuk hergestellt werden soll und die Herstellung von Kautschuk aus russischem Löwenzahn erforscht wird. Joachim Caesar war Leiter der Landwirtschaftsbetriebe im KZ Auschwitz und in Rajsko unterstand ihm neben dem Bereich Landwirtschaft und Viehzucht auch die Pflanzenversuchsstation.[156]

Die Versuchsstation war Himmlers Steckenpferd und er setzte viel daran, um dem Führer Kautschuk aus Auschwitz zu beschaffen, ein ehrgeiziger Plan mit hoher Priorität, da Kautschuk kriegsbedingt verknappt war. In diesem Kommando arbeiteten ausschließlich weibliche Häftlinge als Biologinnen, Chemikerinnen und andere Wissenschaftlerinnen aus verschiedenen Ländern Europas. Hier herrschte eine größere Kameradschaft als in anderen Kommandos. Die Bedingungen in Rajsko waren etwas besser, da die Häftlinge, die hier arbeiteten, zur Kategorie der »ökonomisch nützlichen Juden gehörten«.[157] Nicht nur, dass es mehr zu essen gab, es gab sogar warmes Wasser, um sich zu waschen.

Vilma gibt sich als Biologin aus. Zunächst muss sie verblühten Löwenzahn einsammeln. Anschließend muss sie Versuche machen, Pflanzen ansetzen, künstlich befruchten und darüber Buch führen, wie viele Keime die Pflanzen schon hätten. Es ist keine schwere Arbeit. Vilma ist jedoch schon sehr geschwächt. In einem anderen Kommando hätte sie wohl kaum überlebt. So gut wie alles ist ihr mittlerweile zu viel. Die Pflanzen sind ihr völlig gleichgültig. Sie lässt sie einfach eingehen. Sie denkt: »Wenn hier so viele Menschen umkommen, warum sollen dann nicht auch die Blumen eingehen.« Der Aufseher für diese Arbeit ist besonders brutal und schlägt die Frauen oft und heftig. Er führt auch die sogenannte »Salzergassn« ein: Am Nachhausemarsch auf einem schmalen Weg standen SS-Männer, bildeten eine Gasse und schlugen mit Stecken auf die Frauen ein, was ihnen sichtlich Vergnügen bereitete. Der Aufseher bekam von den Französinnen und Belgierinnen den Spitznamen »Trou-Trou« (Loch-Loch), weil er eine Narbe mit zwei Löchern auf der Stirn hatte. Vilma stellt sich dumm, spielt die »Depperte«, spricht nur Französisch und tut so, als ob sie Deutsch nicht verstünde. Die Häftlinge haben Menageschalen, in die die Suppe hineingegossen wird. Die leere Menageschale hängen sie sich an den Gürtel. Da sich in Vilmas Menageschale aber Zwiebeln und Tomaten befinden, die sie regelmäßig hinausschmuggelt, kann sie diese nicht an den Gürtel hängen. Sie stellt ihre Schale deshalb immer auf die Erde, was den Aufseher täglich dazu veranlasst, sie aufzufordern, die Menageschale zu öffnen. Vilma antwortet darauf mit: »Comment? Je ne comprends rien« und redet auf Französisch weiter auf ihn ein. Daraufhin gibt der Aufseher auf und sagt nur: »Mit der Depperten kann man sich überhaupt nicht verständigen.«[158] Sich zu bücken, um selbst in die Menageschale zu schauen, fällt ihm offenbar nicht ein.

In Rajsko trifft Vilma ihre alte Bekannte aus Südfrankreich, Mali Fritz, worüber sie entsetzt ist, weil man jeden, den man in Auschwitz trifft, bedauert. Andererseits freut sie sich auch, ihre Freundin wiederzusehen. Von ihr bekommt sie die Zwiebeln und Tomaten, die sie für die Organisation ins Lager schmuggelt. In Rajsko erzählt ihr jemand, dass Adi im Männerlager in Auschwitz sei. Deshalb will sie auch nicht mehr in Rajsko bleiben, das ein paar Kilometer von Birkenau entfernt ist. Daraufhin verschaffen ihr die Genossinnen eine Arbeit in der SS-Wäscherei im Stammlager in der Nähe des Männerlagers, wo sie auch untergebracht wird. Im Männerlager gab es zwei Frauenblocks. Nicht ohne Humor erwähnt Vilma im Interview mit Elisabeth Brainin, dass zwischen den beiden Frauenblocks im Männerlager der sogenannte »Chonteblock« (»Chonte« ist ein jiddischer Ausdruck für Hure) die Grenze bildete.

Lotte Brainin beschreibt die Zustände im Männerlager, wie folgt: »Im Männerlager waren – nicht Pferdeställe, sondern mit Ziegeln gebaute Häuser. Und in diesen Häusern gab es – also für uns etwas ganz Besonderes – Stockbetten mit Polster und mit einer Decke. Also das war schon sehr viel. Und ich glaube, dort waren wir zu zweit immer in einem Bett.«[159] Auch die Arbeit in der SS-Wäscherei ist nicht anstrengend. Es gibt Waschmaschinen und große Betonbottiche, in denen die Wäsche eingeweicht wird. In diesen Betonbottichen baden die Häftlinge auch und verwenden die gewaschenen Handtücher der SS zum Abtrocknen, die sie danach wieder in die Waschmaschine geben. Im Stammlager gibt es im Gegensatz zu Birkenau Wasser in den Blöcken.

Vilma ist erschrocken, Adi in Auschwitz zu treffen. Sie hatte gedacht, er wäre klüger als sie und würde sich nicht erwischen lassen. Jedoch auch er war von jemandem denunziert und ziemlich genau ein Jahr nach Vilmas Verhaftung in Bordeaux verhaftet worden. Er war am 2. Dezember 1943 in das Gefängnis von Fresnes gekommen, wo er bis zum 25. Juli 1944 inhaftiert gewesen war. Zusammen mit Heinrich Sussmann war er am 3. August 1944 mit dem letzten Transport aus Drancy nach Auschwitz gekommen, einen Tag vor Vilmas 25. Geburtstag. Adi ist voller Optimismus und glaubt fest daran, aus dem KZ wieder herauszukommen. Vilma allerdings desillusioniert ihn und erklärt ihm, dass man hier nicht herauskommen könne, denn: »Die können uns doch nicht als Zeugen von da rauslassen.«[160]

Durch einen Friseur steht sie in ständigem Kontakt mit Adi. Zu Weihnachten 1944 bringt ihr der Friseur ein Geschenk von

Adi. Es ist ein aus Holz geschnitztes Buch. Es gelingt ihr, dieses Buch überall durchzuschummeln und es sogar nach Ravensbrück mitzunehmen. Adi organisiert ihr auch Filzstiefel aus der Kleiderkammer, wo er arbeitet, da sie keine ordentlichen Schuhe hat.

Im Männerlager befindet sich auch der Rüstungsbetrieb Union, wo Lotte Brainin arbeitet. Lotte war als Kommunistin im belgischen Widerstand, ist ebenso wie Vilma Jüdin, lebte vor dem Krieg in Wien und ist wie diese im Lager gut organisiert. So lernen sie einander kennen und werden gute Freundinnen. Lotte erwähnt im Interview mit Amesberger eine für Auschwitz ungewöhnliche und erfreuliche Begebenheit: »Es hat welche gegeben, die auswärts gearbeitet haben – in einem landwirtschaftlichen Gebiet. Da war auch eine sehr liebe Freundin von mir, die Vilma, und diese Vilma, die kam einmal und sagt: ›Du, Lotte, ich habe dir so was Schönes mitgebracht!‹ – Also so einen kleinen Spiegel. Das war was Besonderes. Sage ich: ›Geh, erzähl mir keinen Schmäh, ich weiß eh, von wem das ist. Du hast ja sicher einen Geliebten‹, (kichert) das hat es nämlich dort gegeben. Sagt sie: ›Jö! Wieso weißt du das?‹ Sage ich: ›Ich weiß es gar nicht. Wie heißt er denn?‹ Und die sagt seinen Namen und das war ein Freund von meinem Bruder Eli! Weißt du, wie lustig das war? Aber wirklich! Du, wirklich! Na, ich sage dir, dieser Schuhoberteil-Erzeuger hatte einen Sohn, und wenn mein Bruder dort hingekommen ist, was liefern, oder was weiß ich, hat sie den so kennengelernt. Und die sagt mir den Namen. Sie kam aus Paris und ich von woanders, von Brüssel. Wirklich wahr, die Vilma war das. Und dort, in diesem landwirtschaftlichen Betrieb gab es auch einmal eine Karotte, zum Stehlen oder so. Wenn man da erwischt wurde, ist man ganz schön bestraft worden. Aber hie und da hat eine so was gebracht, so ein Zahnderl vom Knoblauch, oder so was, oder Zwiebel, oder so.«[161]

VII. »Sie haben nicht vorgehabt, uns überleben zu lassen.«

Der Todesmarsch und das KZ Ravensbrück

In der SS-Wäscherei und im Männerlager ist Vilma nicht lange. Am 18. Jänner 1945 heißt es, das gesamte Lager wird evakuiert. Vilma hat Angst und versteckt sich in einem der beiden Frauenblocks. Ein besseres Versteck findet sie nicht, da sie sich im Männerlager nicht auskennt. Die Genossinnen finden sie bald und fordern sie auf mitzukommen, um nicht allein zurückzubleiben. So kommt sie mit auf den Todesmarsch ins KZ Ravensbrück. Ungefähr 35 000 bis 40 000 Häftlinge marschieren vom 17. bis 19. Jänner 1945 von Auschwitz nach Gliwice (Gleiwitz) und Wodzislaw (Loslau).[162] Die Entfernung von Auschwitz nach Ravensbrück beträgt mehr als sechshundert Kilometer. Vilmas Marschkolonne geht ungefähr drei Tage bis zum damaligen deutschen Grenzort Wodzislaw Slaski, der von Auschwitz dreiundsechzig Kilometer entfernt ist. Dort stehen offene Güterwaggons, in die sie gepfercht werden, um nach Ravensbrück transportiert zu werden. »Allein auf dieser Route tötete die SS mindestens vierhundertfünfzig Häftlinge, die nicht mehr die Kraft hatten, weiterzulaufen. Die Straßen waren buchstäblich gesäumt von Leichen.«[163] Es ist verschneit und bitterkalt. Vilmas Filzstiefel frieren ihr schließlich an den Füßen fest und sie kann sie nicht mehr ausziehen. In Ravensbrück müssen sie heruntergeschnitten werden. So wie viele andere ist auch Vilma nahe daran, sich niederzusetzen, weil sie mit den erfrorenen Füßen kaum noch gehen kann. Ihre Freundinnen aber lassen nicht zu, dass sie sich setzt, da das ihren sicheren Tod bedeuten würde, und schleppen sie weiter. Der Hunger ist unerträglich. Betty Wenz (später verheiratete Hirsch) ist es gelungen, im allerletzten Moment vor der Evakuierung aus Auschwitz aus der Küche einen Sack Würfelzucker zu organisieren. Dieser Zucker rettet einigen das Leben.[164] Zum Teil schlafen sie bei minus achtzehn Grad unter freiem Himmel, manchmal in einem Stall, in den sie die SS treibt. Einmal spürt Vilma etwas in ihrem Gesicht, und als es hell wird, merkt sie, dass ein Pferd ihr Gesicht ableckt. Bevor sie am darauffolgenden Morgen weitermarschieren, durchkämmt die SS mit großen Heugabeln das Heu, um zu verhindern, dass sich Frauen im Heu verstecken.[165] Die Waggons, in denen sie weitertransportiert werden, sind offene Kohlewaggons, in denen sie dicht aneinandergedrängt auf dem Boden hocken oder auf Brettern an den Seiten sitzen und bald völlig eingeschneit sind.[166] Insgesamt dauert der Transport nach Ravensbrück zehn Tage.

»Die Österreicherin Mali Fritz beschreibt den mehrtägigen mörderischen Marsch und die nicht minder grauenhafte etwa einwöchige Fahrt von Loslau nach Ravensbrück aus der Sicht einer Betroffenen: ›Die Evakuierung der Häftlinge wurde zum Todesmarsch. Es hatte minus zwanzig Grad. Die Straßen, auf denen wir dahinwankten, schienen Verbotszone für Zivilisten zu sein, aber wer oder was sollte die Gestapo daran hindern, auf ihre Art und Weise vorzugehen: Wer das allgemeine Tempo nicht einhalten konnte, wer zurückblieb, wer offensichtlich große Mühe hatte weiterzukommen, der war ein Todgeweihter. Erschossene entlang der Straße, auf der wir marschierten, Erstarrte am Straßenrand. Die eisige Kälte hatte auch ihr Teil dazu beigetragen, dass viele zu Tode erschöpfte Gefangene im Gehen dahindämmerten und ins Schwanken kamen. Im geschlossenen Viehwaggon hungerten wir und konnten den Durst nicht stillen. Häftlinge halluzinierten und schrien, manche tobten, wurden aggressiv oder verloren das Bewusstsein. Manchmal bin ich wie in einem Nebel versunken, ich hatte nicht den Eindruck, wenn ich zu mir kam, dass ich geschlafen hatte. […] Was für eine mörderische Bangigkeit, zusammengepfercht, eingeschlossen in einem Viehwaggon, in Dunkelheit, Gestank. Wildes Schreien rundherum und Stöhnen. Trotz allem Elend sind einige Kameradinnen unermüdlich damit beschäftigt, verwirrte Kameradinnen zu beruhigen.‹«[167]

Ravensbrück wurde im Mai 1939 als einziges Frauenlager eröffnet und am 30. April 1945 von den Russen befreit. Etwa zehn Prozent der Gefangenen waren jüdisch, aber das Lager war nicht für Juden geplant. Das kleine Dorf Ravensbrück liegt etwa neunzig Kilometer nördlich von Berlin.[168] Es gab auch ein ganz kleines Männerlager, in dem Gefangene aus Dachau und Sachsenhausen untergebracht waren, die neue Blocks bauten.[169]

In Ravensbrück werden die Häftlinge aus Auschwitz in ein großes Zelt gesteckt. Dort verbringt Vilma nur eine Nacht. Auf der Lagerstraße trifft sie ihr bekannte österreichische Häftlinge. Von ihnen erfährt sie, dass diejenigen, die im Zelt sind, auf Transport in kleine Lager im Westen geschickt werden. Vilma geht daher in das Zelt nicht mehr hinein. Die österreichischen Genossinnen aus dem illegalen Lagerkomitee – Mela Ernst ist die Vorsitzende – verstecken Vilma bei den Französinnen im »Nacht und Nebel«(NN)-Block, der im Jänner 1944 eingerichtet worden ist. In dem Nacht-und-Nebel-Erlass von 1941 wurden ausländische Widerstandskämpfer und Widerstandskämpferinnen nach Deutschland verschleppt. Statt sie zu exekutieren, wurden sie in Konzentrationslager geschickt und heimlich getötet. Dies sollte der Abschreckung dienen. So konnten sie auch nicht zu Märtyrern und Märtyrerinnen gemacht werden.[170]

»Ravensbrück, ca. neunzig Kilometer nördlich von Berlin am südlichen Rand der Mecklenburgischen Seenplatte gelegen, war nach Himmlers Auffassung ein geeigneter Standort für ein Konzentrationslager. Die Zug- und Wasseranbindungen waren gut. Die Stadt Fürstenberg, in deren Nähe sich das KZ Ravensbrück befindet, liegt an der Havel, die in mehrere Läufe geteilt durch die Stadt fließt. Fürstenberg ist von drei Seen, dem Röblinsee, dem Baalensee und dem Schwedtsee umgeben.«[171]

In Ravensbrück trifft Vilma ihre Freundinnen und Genossinnen Mitzi Berner, Anni Hand, Betty Wenz und Mela Ernst. Auch hier ist die Solidarität der organisierten Genossinnen sehr groß. Sie beschaffen Essen und Kleidung, versuchen ihre Leute in besseren Arbeitskommandos unterzubringen, zum Beispiel in der Küche oder in der Schreibstube. Vilma schläft nun jede Nacht bei einer anderen Genossin und teilt die Suppe auch immer mit einer anderen. Vilma sieht sehr jung aus, manche halten sie sogar erst für vierzehn Jahre alt und helfen ihr deshalb besonders oft. Da sie ja sozusagen »illegal« im Lager ist, ist sie immer eine zu viel. Beim Appell versteckt sie sich im Block, der aber immer kontrolliert wird. Einmal wird sie von einem SS-Mann entdeckt. Sie springt zum Fenster hinaus, er ihr nach, sie läuft in den nächsten Block, steigt beim Fenster wieder hinaus, bei einem anderen Fenster hinein, bis der SS-Mann aufgibt. Sie war wohl nicht interessant für ihn. Außerdem herrschen schon chaotische Verhältnisse in Ravensbrück, weil das Lager von den zahlreichen Transporten aus dem Osten stark überfüllt ist.

Tagsüber ist es nicht so gefährlich, illegal im Lager zu sein, man kann auf der Lagerstraße spazieren gehen, weil schon so viele Häftlinge im Lager sind und die Arbeitsdisziplin auch nicht mehr so streng gehalten wird. Nachts allerdings muss man sich unbedingt verstecken. Als Vilma einmal Anni Hand, eine österreichische Kommunistin, die schon länger in Ravensbrück ist, trifft, rät diese ihr, eine Polin aufzusuchen, die ganz fantastisch sei und bei der sich Vilma verstecken und schlafen könne. Sie dürfe nur nicht sagen, dass sie Jüdin sei. In Ravensbrück weiß niemand, dass Vilma Jüdin ist. Vilma sucht die Polin auf, bekommt »gute Sachen« von ihr zu essen und kann bei ihr schlafen. Die beiden Frauen unterhalten sich in der »lagerszpracha«. Aufgrund der Überzahl der polnischen Häftlinge bildete sich in Auschwitz die »lagerszpracha« heraus, ein deutsch-polnisches Kauderwelsch. Das waren oft deutsche Wörter mit polnischen Endungen.[172] Als Vilma schon am Einschlafen ist, fängt die Polin an, über die Juden zu schimpfen. Vilma zieht die Konsequenzen und geht nie mehr zu ihr.

Ein anderes Mal, als Vilma durch das Lager geht, sieht sie vor einem Block einen Pullover hängen, den sie als jenen erkennt, den sie ihrer rumänischen Freundin, Charlotte Gruia, in Romainville geschenkt hat. Charlotte ist noch vor Vilma deportiert worden und es hat geheißen, der Transport gehe in den Norden. Es ist ein sehr markanter Pullover, sodass Vilma ihn gleich wiedererkennt. Sie stürzt aufgeregt in den Block und fragt nach Charlotte. In dem Block sind Russinnen und sie denkt, sie hätten Charlotte wegen des Pullovers umgebracht. Sie erfährt, dass Charlotte im Siemenslager ist. Daraufhin bittet Vilma die organisierten Österreicherinnen, sie im Siemenslager unterzubringen, was auch gelingt. Siemens produziert dort Bestandteile für Flugzeuge und Munition. Dort gibt es auch Baracken für die Häftlinge. Da sie sich als Französin ausgibt, kommt sie in den Franzosenblock. Zunächst bekommt sie dort keine richtige Arbeit. Sie muss in der Anlage Papierabfälle zusammenklauben. Ein Satz blieb Vilma immer in Erinnerung: »Vilma et Henriette, ramassez les papiers!« – »Sammelt die Papierln auf!«[173] Auch bekommt sie eine auf die Kleidung aufgenähte Häftlingsnummer. Nun ist sie legal in Ravensbrück und arbeitet auch legal. Im Vergleich zu Auschwitz kommt ihr Ravensbrück wie das »Paradies« vor. So hat es auch Margarete Buber-Neumann[174] sechs Jahre zuvor empfunden, als sie aus dem sowjetischen Gulag nach Ravensbrück gekommen war. Damals allerdings, 1938, waren die Zustände im Lager sehr viel besser als im Jänner 1945. Die Häftlinge trugen saubere gestreifte Kleider, dunkelblaue Schürzen und weiße Kopftücher. Es gab sogar Blumenbeete. Jede Gefangene bekam ein Essgeschirr, zwei Wolldecken, ein Betttuch und ein blau-weiß gestreiftes Nachthemd. Im Sommer aber gab es keine Schuhe, die Häftlinge mussten barfuß gehen, was auf dem spitzen Kies sehr wehtat. So »idyllisch« ist es bei Vilmas Ankunft zwar nicht mehr, aber es gibt in jedem Block Wasser und man kann sich mit Seife waschen.

Mittlerweile ist das Lager mit »Asozialen« überfüllt, wodurch die Ordnung zusammenbricht, was zu unbeschreiblichen Verhältnissen und Krankheiten führt.[175] Trotzdem staunen die Ravensbrückerinnen über die Schreckensgeschichten aus Auschwitz. Sie haben von den Gräueln keine Ahnung. Jedoch fällt ihnen auf, dass die Häftlinge aus Auschwitz ihren eigenen Lebensstil haben, der vom Vernichtungslager geprägt ist: »Koste es, was es koste, aber rette dein Leben!«[176] »Manche Insassen erkannten in den dortigen Ereignissen verwandte Muster und sahen voraus, dass ähnliche Grausamkeiten, noch bevor alles vorbei war, auch ihnen drohten.«[177] Im Stammlager Ravensbrück gibt es bis zu dem massenweisen Zuzug der Häftlinge aus Auschwitz keine Gaskammern. Nun allerdings werden Behelfsgaskammern gebaut. »Die Gaskammer war ungefähr neunmal vier Meter und fasste ungefähr einhundertfünfzig Menschen. Die Gaskammer lag ungefähr fünf Meter von dem Krematorium weg. Die Gefangenen mussten sich in einem kleinen Schuppen, drei Meter von der Gaskammer entfernt, ausziehen und wurden durch ein kleines Zimmer in den Gasraum gebracht. […] Hauptscharführer Moll gab den Frauen den Befehl, sich auszukleiden, und teilte ihnen mit, dass sie eine Entlausung mitmachen würden. […] Ein männlicher Häftling, mit einer Gasmaske versehen, kletterte auf das Dach und warf von oben durch eine Öffnung, die er sofort wieder zumachte, eine Gas-Büchse in den Raum. Ich hörte Stöhnen und Wimmern im Raum. Nach zwei bis drei Minuten wurde es still im Raum.«[178] Zuerst wird eine Holzbaracke errichtet, später gibt es mobile Gaskammern, einen Gaslastwagen und einen umgebauten Eisenbahnwaggon, die die Lagerleitung teilweise in den Wäldern verbirgt.[179] Bis zur Evakuierung des Lagers am 28. April 1945 werden noch Tausende Frauen vergast und erschossen. Allein am Osterwochenende 1945 werden zweitausendfünfhundert Häftlinge vergast und verbrannt.[180] »Ende März erreichte die Vernichtung ihren Höhepunkt. Jeder, der zu dieser Zeit ins Lager kam, musste den erstickenden braunen Rauch riechen, die mit Leichen vollgeladenen LKW sehen. Selbst Dorfbewohner in der Gegend beschwerten sich über die Asche im See.«[181] »Dass der Massenmord selbst jetzt noch weiterging, überraschte jene nicht, die direkte Erfahrung mit der Nazimaschinerie hatten. Marie-Claude Vaillant-Couturier, Häftling in Auschwitz und Ravensbrück, sagte in ihrer Nürnberger Zeugenaussage, dass ›an beiden Orten der systematische und unerbittliche Wille zu finden den [war], die Menschen als Sklaven auszunutzen und, wenn sie nicht länger arbeiten konnten, sie zu töten‹.[182] Der ehemalige Auschwitz-Kommandant Rudolf Höss sprach ebenfalls von dem Drang der Nazis zu töten, und ihrer Unfähigkeit, damit aufzuhören.«[183]

Das neutrale Schweden will in letzter Minute intervenieren und seine Gefangenen befreien. Folke Bernadotte Graf von Wisborg, ein schwedischer Offizier und Philanthrop, tritt auf den Plan und verhandelt in seiner Funktion als Präsident des Schwedischen Roten Kreuzes im Jahr 1945 mit Heinrich Himmler erfolgreich über die Freilassung der skandinavischen KZ-Häftlinge. Zusätzlich zu ca. achttausend Häftlingen skandinavischer Herkunft

werden im Rahmen dieser Mission etwa zehntausend bis zwölf-
tausend Häftlinge anderer Nationalität vor allem aus Ravensbrück und Theresienstadt zunächst im Lager Neuengamme bei
Hamburg gesammelt und später nach Schweden überführt.
Durchgeführt wird diese Aktion, die in die schwedische Geschichte und die Geschichte der Rotkreuz-Bewegung als die
»Weißen Busse« eingegangen ist, kurz vor Kriegsende von ca.
zweihundertfünfzig Helfern des Schwedischen Roten Kreuzes.[184]
»Himmler hatte jedoch beschlossen, Bernadotte nicht nach
Ravensbrück zu lassen, bis der größte Teil der Vergasungen erledigt war.«[185] »Hitlers wiederholter Befehl an Suhren [Komman-
dant von Ravensbrück] lautete: Nicht ein Häftling darf in russische Hände fallen.«[186] »Kurz vor ihrer Befreiung, schrieb sie
[Karolina Lanckoronska], ›wurde die Gaskammer demontiert
und jeder Beweis für das Geschehene vernichtet‹.«[187]

Auch in Ravensbrück hat Vilma den unbedingten Willen zu
überleben. Zu Charlotte sagt sie:»›Wer wird wissen, was hier
vorgegangen ist. Ich muss einen Ausweg finden, dass ich da raus-
komme.‹ Es ist ein Zufall, dass wir überlebt haben, zum Schluss.
Weil es war eigentlich anders geplant. Sie haben nicht vorgehabt,
uns überleben zu lassen. Sie haben wahrscheinlich gar nicht
damit gerechnet«.[188]

Inzwischen ist die Ordnung im Lager zusammengebrochen
und die Disziplin zerfallen. »Es war möglich, dem Appell fernzu-
bleiben, wenn man wusste wie, und die, die teilnahmen, waren
oft am Plaudern oder lasen Zeitung. Wenn eine Luftschutzsirene
losging, liefen die Wachen sofort in Deckung.«[189]

»Graf Bernadotte flog zu einem weiteren Treffen mit Heinrich
Himmler ein; er hoffte, von ihm die Genehmigung bekommen
zu können, die schwedische Rettungsmission auch auf andere
Nationalitäten als nur die Skandinavier auszudehnen. Ganz oben
auf Bernadottes Liste standen auch Französinnen in Ravens-

brück. Seit er im Herbst in Paris die Massendeportationen miterlebt hatte, lag ihm das Leid der Französinnen besonders am Herzen. De Gaulles Regierung in Wartestellung übte ebenfalls großen Druck auf Bernadotte aus, den französischen Häftlingen zu helfen. Zudem hatte Bernadotte ein persönliches Interesse an Frankreich, da er ein direkter Nachfahre des napoleonischen Marschalls Jean Baptiste Bernadotte war.«[190]

Im April 1945, kurz vor der Befreiung von Ravensbrück, heißt es:»Alle Französinnen antreten!« Es wird ihnen mitgeteilt, dass das Schwedische Rote Kreuz sie mit weißen Bussen abholen würde, um sie in die Schweiz zu bringen.»Man traf sich in Gruppen und diskutierte, was das bedeuten könnte. Die Befreiung, meinten einige. Andere fürchteten die umfassende Vernichtung, eine weitere Gruppe dachte an einen Gefangenenaustausch.«[191]

Als Vilma den Bus sieht, denkt sie, dass das Gaswagen sind, und will sich nicht anstellen, wie es die SS befiehlt. Schließlich reißt sie sich wie alle anderen die Häftlingsnummer von der Kleidung und reiht sich in die Schlange der Wartenden ein. Da im Bus zu wenig Platz ist, werden die Jüngeren nicht mitgenommen und müssen zurück ins Lager. Ohne Häftlingsnummer kann Vilma aber nicht arbeiten. Nach einigen Tagen kommt die»Blokowa« und sagt zu Vilma, dass es ihr jetzt reiche und sie wieder arbeiten müsse. Daraufhin gibt sie Vilma eine neue Häftlingsnummer, die sie sich aufnähen muss. Sie hat noch nicht die letzten Stiche gemacht, da heißt es wieder:»Alle Französinnen antreten!« Man führt sie in einen leeren Block, wo sie die Nacht verbringen. In der Früh werden sie aus dem Lager hinausgeführt, wo die weißen schwedischen Rotkreuzbusse auf sie warten. So kommt Vilma nach Schweden, wo sie insgesamt drei Monate bleibt. Zunächst werden die Französinnen in einem Kino in der Nähe von Malmö untergebracht, wo es auch eine Sauna gibt. Das ist das erste und letzte Mal, dass Vilma eine Sauna besucht. Aus Angst vor Infektionen nehmen die Schweden den ehemaligen Häftlingen alles ab. Statt zu desinfizieren, verbrennen sie alles. Vilma muss auch das Buch, das geliebte Geschenk von Adi, das sie so weit unbeschadet mit sich führen hat können, opfern. Wegen der Typhusgefahr dürfen die ehemaligen Häftlinge keinen Kontakt zur Bevölkerung haben. Sie sind aber nicht eingesperrt und können im Wald spazieren gehen. Vilma ist mit Toni Lehr, die von der Typhuserkrankung noch sehr geschwächt ist, in einem Zimmer. Da Toni kaum etwas essen kann, isst Vilma auch Tonis Portionen. Vilma kann nicht satt werden, so ausgehungert ist sie. Nachdem die Typhusepidemie gebannt ist, dürfen sie Kontakt zu den Einheimischen aufnehmen. Kurz darauf kommt Graf Folke Bernadotte persönlich und bietet den geretteten Häftlingen, sofern sie »Politische« waren oder aus den schlimmsten Konzentrationslagern gekommen sind, seine Villa in der Nähe von Stockholm an. Obwohl eigentlich nur für fünfzehn Platz ist, werden neunzehn Frauen in der Villa untergebracht. Darunter sind außer Vilma die Österreicherinnen Antonie Lehr, Edith Wexberg, Gerti Schindel, Mela Ernst und Lisa Gavric.[192]

VIII. Obdachlos im Stadtpark
Die ersten Monate nach dem Krieg

Im August 1945 wird Vilma mit den anderen in einer Militärmaschine nach Paris gebracht, wo sie Adi zu finden hofft. Dort erfährt sie von den Kommunisten, dass er überlebt hätte und in Österreich sei. Daraufhin reist Vilma Anfang November nach Wien. Sie will auch nach Österreich, um ihrem Land zu dienen und beim Wiederaufbau zu helfen. Die einzige Möglichkeit, nach Wien zu kommen, ist die, mit einem ungarischen Emigrantenzug Richtung Budapest zu fahren. Sie muss sich von der ungarischen Emigrantenbehörde in Paris bescheinigen lassen, dass sie ungarische Emigrantin sei. Beim Zwischenstopp in Wien kann sie dann abspringen. Der Zug bleibt in Purkersdorf hängen, da es keine Kohlen mehr gibt. Da Vilma in Paris ihr altes Fahrrad wiedergefunden und es auf die Reise mitgenommen hat, meinen ihre Mitreisenden, sie solle doch mit dem Fahrrad nach Wien ins Zentralkomitee der KPÖ in die Wasagasse fahren, um Hilfe zu holen. Als sie sich auf den Weg machen will, stürzen sich einige Leute auf sie und warnen sie, mit dem Rad zu fahren, da die Russen es ihr wegnehmen würden. Sie glaubt es und bringt das Fahrrad zum Zug zurück. Auf dem Weg spricht sie einen russischen Soldaten in dem polnisch-deutschen Kauderwelsch der Lagersprache an. Vilma fragt den Soldaten, ob er einen LKW habe, um sie und ihre Freunde nach Wien zu bringen. Er versteht sie und bejaht, kann aber erst am nächsten Tag fahren. Vilma erwidert: »Nein, heute.« Sie erzählt: »Da kommen zwei Amis im Jeep daher. Frag' ich sie, ob sie nach Wien fahren. Sagt einer: ›Sie sehen doch, wir fahren in die andere Richtung. Wir sind in einer Stunde wieder zurück.‹ Red' ich wieder mit dem Russen und während ich so dajgezz (Jiddisch für »sich unterhalten«), kommt einer von den Amis im Jeep schon wieder zurück.«[193] Der Amerikaner sagt nun, dass sie nach Wien mitfahren kann. Vilma steigt noch einmal in den Zug ein, wo ihr die Freunde ein paar Reichsmark geben und sie bitten, den Amerikaner zu fragen, ob einer ihrer Mitreisenden mitfahren könne. Der Amerikaner verneint dies, und so fährt Vilma mit ihm allein nach Wien. Im Nachhinein erfährt Vilma, dass der russische Soldat ihren Freunden im Zug Vorwürfe gemacht hätte, sie allein mit dem Amerikaner fahren zu lassen, da er sie wohl vergewaltigen würde. Er tut Vilma aber nichts und setzt sie in Wien bei der Nußdorfer Straße ab.

Wien liegt weitgehend in Trümmern, noch ist nicht der ganze Schutt der eingestürzten Häuser weggeräumt, die Müllabfuhr, die Wasser- und Gasversorgung funktionieren nur sporadisch, es gibt keine Kohlen, die Menschen hungern. Es wird geplündert und der Schwarzmarkt blüht. Insbesondere die sowjetischen Soldaten räumen aus den Wohnungen, was sie kriegen können, besonders haben sie es auf Uhren abgesehen, die sie Passanten auf der Straße einfach abnehmen.

Österreich ist von alliierten Streitkräften besetzt, das Land ist in vier Besatzungszonen aufgeteilt. Wien besteht aus vier Besatzungssektoren, wobei die Innere Stadt allen vier Alliierten unterstellt ist. Unter Kanzler Renner amtiert eine provisorische Regierung.

Zunächst kann sich Vilma überhaupt nicht orientieren, findet dann aber bald die Wasagasse. Hier erfährt sie, dass Adi von den Russen befreit worden ist und in der Ukraine sei.

Bald darauf stellt sich jedoch heraus, dass Adi in den letzten Kriegstagen, am 28. März 1945, in Dachau ermordet worden ist. Adi war am selben Tag wie Vilma auf den Todesmarsch von Auschwitz nach Groß-Rosen geschickt worden und nach der Evakuierung Groß-Rosens im Februar nach Dachau gekommen. Über die genauen Umstände seines Todes kann ihr jedoch niemand Auskunft geben. Laut eines Dokuments der KZ-Gedenkstätte Dachau wurde er am 21. Februar 1945 in eines der Außenlager Mühldorf überstellt. Die KZ-Gedenkstätte Dachau schreibt: »Rücküberstellungsgrund in das Stammlager, angefordert von Pol. Abt. und sein Tod zwei Tage später machen es sehr wahrscheinlich, dass es sich um einen Mord/eine Exekution gehandelt habe. Ob das durch Erschießung oder auf eine andere Weise passiert ist, können wir nicht sagen. Konkrete Beweise dafür haben wir nicht. Wir wissen nichts über die Ursachen. Auch in der Endphase vor der Befreiung gab es Exekutionen. Wir haben allerdings keine Hinweise dafür, dass es dabei um bestimmte Personengruppen oder Häftlingsgruppen ging.«[194] Dazu schreibt André Scharf: »Nahezu die Hälfte der Toten des KZ Dachau zwischen 1933 und 1945 ist in den frühen Monaten des Jahres 1945 gestorben. Das hängt mit den Lebensbedingungen im Lager, der katastrophalen Versorgung, katastrophalen hygienischen Bedingungen und mit Epidemien, die sich als Konsequenz dessen im Lager ausgebreitet haben, zusammen.«

Für Vilma ist die Todesnachricht ein Schock und sie kann ihr ganzes Leben lang Adis Tod nicht verschmerzen.

Vilma will nun wieder nach Frankreich zurück, nicht nur, weil Adi nicht mehr lebt, sondern auch weil sie von den KPÖ-Funktionären, die ihr jegliche Hilfe verweigern, total enttäuscht ist. Eine Rückkehr nach Frankreich ist aber ohne finanzielle Mittel nicht möglich.

Da Vilma keine Unterkunft hat, schickt die Partei sie in ein Massenquartier, wo sie »gerade noch ein Eckerl zum Hinsetzen findet«.[195] Dieses Massenquartier befand sich vermutlich im 9. Bezirk in der Nußdorferstraße 61.[196] Nach ein paar Tagen hat sie genug von dem Quartier, geht in den Stadtpark und überlegt, in einem ausgebombten Haus zu übernachten. Auch überlegt sie, sich an die französische Militärverwaltung um Hilfe zu wenden. Wie sie so verzweifelt auf einer Parkbank sitzt, kommt zufällig Tilly Spiegel vorbei, die sie aus der Résistance kennt. Vilma klagt: »›Ich weiß nicht, wo ich schlafen soll.‹ Die Tilly hat mir darauf geantwortet, dass sie nichts weiß und mir nicht helfen kann. ›Die Partei ist keine Versorgungsanstalt. Jeder muss selber schauen, wie er weiterkommt.‹ Sie ging einfach weiter. Die Tilly Spiegel war nie mein Fall, aber jetzt war sie für mich erledigt.«[197] Es ist zwar kaum zu glauben, aber zufällig kommt bald darauf auch Judith Margulies, die Vilma ebenfalls aus Frankreich kennt, vorbei und fragt Vilma, was sie hier mache. Vilma erzählt auch ihr, dass sie obdachlos sei und nicht weiß, wo sie schlafen solle. Judith nimmt sie zu sich nach Hause mit. Sie bewohnt mit ihrem Mann Moritz und ihrem kleinen Sohn Jeannot eine kleine Zweizimmerwohnung und überlässt Vilma Jeannots Bett. Da Vilma keine Papiere hat, kann sie sich nicht anmelden und bekommt auch keine Lebensmittelkarten. Tagelang teilt die Familie Margulies die ohnedies nicht reichlichen Lebensmittelrationen mit Vilma. »Es ist zwar niemand verhungert, aber es war eine unangenehme Situation.«[198] Während sich die Familie die dürftigen Lebensmittel mit Vilma teilt, bekommen die »Bonzen« der KPÖ Marken, die es ihnen erlauben, im Restaurant zu speisen.

Inzwischen finden am 25. November 1945 in Österreich die ersten freien Parlamentswahlen seit fünfzehn Jahren statt. Die Nationalsozialisten sind von der Wahl ausgeschlossen. Alle

NSDAP-Mitglieder und -Anwärter mussten sich gleich nach Kriegsende registrieren lassen. Die ÖVP wird stärkste Partei und Leopold Figl Bundeskanzler. Er bildet eine Konzentrationsregierung aus ÖVP, SPÖ und KPÖ.

Moritz und Judith behalten Vilma bei sich, bis schließlich bei Juci Fürst das Dienerzimmer frei wird und Vilma dorthin übersiedeln kann. Das Dienerzimmer hat zwar kein Fenster, Vilma ist aber froh, endlich untergekommen zu sein. Schließlich muss sie von dort auch wieder ausziehen und geht in ihrer Verzweiflung zu Lotte Brainin. Diese erzählt:»Meine Freundin Vilma, die ich in Auschwitz kennengelernt habe, hat eines Tages an der Tür geläutet: ›Ja, servus Vilma! Was ist los?‹ ›Ja, ich musste im Park bleiben, ich hab' nicht einmal ein Bett in der Nacht gehabt. Wo werde ich schlafen?‹ Habe ich gesagt: ›Du, ist überhaupt kein Problem! Du kommst zu mir. Hol dir auch so ein Bett.‹«[199] Lotte Brainin nimmt Vilma also in ihrer Garçonnière in der Wollzeile auf, die sie mit einem Einweisungsschein vom Wohnungsamt bekommen hat. Dort leben Lotte und Vilma ein halbes Jahr zusammen. Die Betten haben sie von der Volkshilfe bekommen. Es sind»Brettlbetten«, die eines Nachts zusammenbrechen. Die Strohsäcke, auf denen sie schlafen, sind mit Papierschnitzeln gefüllt. Sie gehen wieder zur Volkshilfe und bekommen diesmal Stahlrohrbetten, in denen Wanzen nisten, die sie nicht loswerden und sie schrecklich martern. Vilma hat zwar bei Lotte ein Dach über dem Kopf, sie hat aber keine Arbeit. Sie wendet sich noch einmal um Rat und Hilfe an die Partei. Diese schlägt ihr vor, auf die Parteischule zu gehen, was sie aber nicht will. Schon im Mai 1945, nachdem die Parteispitze der KPÖ, Johann Koplenig, Friedl Fürnberg, Ernst Fischer und Franz Honner, aus der Sowjetunion nach Wien gekommen war, wurden in Wien nach sowjetischem Vorbild drei Parteischulen gegründet.[200] Der Leiter dieser

Parteischulen, Hermann Langbein, sorgte für strenge Disziplin und Drill. Den einzigen Rat, den die Partei ihr gibt, ist:»Such dir a Arbeit!« Als gelernte Modistin hätte sie im Nachkriegswien keine Arbeit gefunden. Und der einzige Rat, den Gerti Schindel für sie hat, ist:»›Zuerst werd a Mensch!‹ Damit ist auch der Fall Gerti für mich erledigt.« »Wern a mentsch« heißt im Jiddischen »es zu etwas bringen«. Hier handelt es sich um eine gemeine Abwandlung im Sinne von »Zivilisier dich erst einmal«!

Überhaupt hat die KPÖ an den Erfahrungen der KZ-Überlebenden wenig Interesse. Auch werden die leitenden Positionen in der Partei vorwiegend mit Rückkehrern aus der Sowjetunion besetzt.[201]

Schließlich kann Vilma Anfang Juli 1946 mit einem Einweisungsschein in ein Zweifamilienhaus in der Alfred-Wegener-Gasse 8 im 19. Bezirk ziehen. Das Haus gehört Sophie und Franz Beran. Franz Beran ist als NSDAP-Anwärter registriert. Das Haus hat einen Teilbombenschaden, weshalb Sophie Beran nach Gössl am Grundlsee ins steirische Salzkammergut evakuiert worden ist. Nach Kriegsende zieht Franz Beran zur ihr nach Gössl, da in seinem Haus Obdachlose einquartiert werden.[202] Ende 1946 ziehen Franz und Sophie Beran zu Sophies Vater. Es ist zu vermuten, dass das Ehepaar Beran wegen ihrer NSDAP-Anwärterschaft nicht in ihr Haus zurück durfte. Im Zuge der Entnazifizierung von 1945 bis 1947 müssen viele registrierte Nazis ihre Wohnungen räumen.

Aufgrund von Berans Gesuch und Vilmas Erzählungen wissen wir also, dass mehrere Leute in dem Haus untergebracht waren. Die Wohnverhältnisse müssen dort sehr beengt gewesen sein, da Vilmas späterer Mann Dolly, wie Adolf Steindling genannt wird, erst nach der Geburt ihres ersten Kindes Liesl zu Vilma in die Alfred-Wegener-Gasse zieht. Aus einer Bestätigung von Franz Beran können wir ersehen, dass die Familie Steindling für die Wohnräume eine monatliche Benützungsentschädigung in der Höhe von zweihundert Schilling zahlen musste. Dies entspricht heute 175 Euro. Das war sehr viel Geld, da Dolly nur ein Monatsgehalt von lediglich 820 Schilling hatte.

Das Erdgeschoß besteht aus einem großen Wohnzimmer, einem Dienerzimmer, einer Küche und einem kleinen Bad, das obere Stockwerk aus zwei Zimmern, einer Küche und einem Bad. Welchen Teil des Hauses die Familie Steindling bewohnt hat und wie groß der Bombenschaden war, ist uns leider nicht bekannt.

IX. »Den Beruf habe ich nie bereut.«
Neuanfang

Da Vilma also schon als Kind und Jugendliche eine soziale Ader gehabt hat, kommt sie nun auf die Idee, Fürsorgerin (heute Sozialarbeiterin) zu werden. Sie will unbedingt einen Beruf ausüben, bei dem sie mit vielen Menschen in Kontakt kommt und Bedürftigen helfen kann. Auf keinen Fall will sie ausschließlich Büroarbeit machen. Sie geht zum Rathaus und erkundigt sich danach, was sie braucht, um die Fürsorgeschule zu besuchen. Der Beamte dort fragt sie:»›Bist scho' achtzen?‹ ›Bin sechsundzwanzig‹, und so bin ich in die Schule aufgenommen worden. Den Beruf habe ich nie bereut‹.«[203] Von 7:30 Uhr bis 12 Uhr arbeitet Vilma im Fürsorgeamt, und ab 14 Uhr hat sie täglich Unterricht. Wie das damals allgemein üblich ist, arbeitet sie auch samstags vormittags. Die Ausbildung dauert zwei Jahre und Ende des Sommersemesters 1948 schließt sie die Schule ab.

In der Zeit, in der sie bei Judith Margulies wohnt, lernt sie ihren zukünftigen Ehemann, Adolf Steindling kennen. Auch Adolf Steindling ist Jude und Kommunist, er ist nach dem Anschluss nach Frankreich emigriert und hat dort ebenfalls in der Résistance gekämpft.[204] Vilma und Dolly haben sich jedoch nicht in Frankreich kennengelernt, da Dolly in anderen Regionen politisch aktiv war.

Vilma arbeitet im Amtshaus im 3. Bezirk im Rahmen ihrer Ausbildung halbtags. Zu ihren Arbeitskolleginnen hat sie keine gute Beziehung. Als ehemalige KZ-Insassin ist sie Angriffen ausgesetzt. Die Kollegen und Kolleginnen begegnen ihr mit Misstrauen. Ein offener Antisemitismus ist nach wie vor gang und gäbe. Nur mit zwei Kolleginnen freundet sie sich an, mit einer anderen ehemaligen KZ-Insassin und einer Genossin. Mit ihrem Chef versteht sie sich gut. Er ist zwar streng, aber durchaus freundlich.

Am 4. Februar 1947 heiraten Vilma und Dolly. Wegen des schlechten Betriebsklimas will sie ihre Heirat auch nicht vorher ankündigen. Bei Verehelichung hatte man drei Tage Urlaubsanspruch, weshalb sie sich an ihren Chef wendet, der den Urlaub gewährt, ohne ihren Kolleginnen den Grund mitzuteilen. Als sie nach dem Urlaub von der Hochzeit erzählt, ist sie aggressiven Äußerungen seitens ihrer Kolleginnen ausgesetzt, die ihr unterstellen, dass sie heiraten musste, weil sie schwanger sei.

Dolly arbeitet als Personalreferent in einem chemischen Betrieb der USIA. Die USIA (Verwaltung des sowjetischen Eigentums in Österreich) war in der sowjetischen Besatzungszone in Österreich von 1946 bis 1955 ein Verbund von mehr als dreihundert Unternehmen, die von der Sowjetunion als ehemaliges Eigentum des Deutschen Reiches beschlagnahmt worden waren. Die USIA wurde von sowjetischen Stellen geleitet und hatte sich nach den Vorgaben der sowjetischen Staatsführung zu richten. Die erwirtschafteten Gewinne kamen der Besatzungsmacht zugute. Grundlage hierfür waren die Potsdamer Beschlüsse, die es den Besatzungsmächten erlaubten, in der ihnen zugeteilten Zone Reparationen einzuheben. Bei USIA-Betrieben waren über 53 000 Menschen beschäftigt.

Da Vilma nur halbtags arbeitet, verdient sie entsprechend wenig. Es sind schlechte Zeiten, Vilma und Dolly sind so arm, dass sie die leeren Milchflaschen sammeln und um das Pfandgeld Ende des Monats Lebensmittel kaufen.

Am 1. November 1947 kommt Liesl zur Welt. Während der Schwangerschaft quälen Vilma schreckliche Träume, wie sie bei ehemaligen KZ-Häftlingen bekannt sind, sie freut sich jedoch auch auf das Kind. Allerdings hat sie enorme Angst, ein missgebildetes Kind auf die Welt zu bringen. Elisabeth Brainin meint dazu, dass die meisten ehemaligen KZ-Häftlinge unter diesen Ängsten litten, da sie sich nach allem, was sie erlebt hatten, nicht vorstellen konnten, ein gesundes Kind zur Welt zu bringen.[205] In Vilmas Fall kommt noch erschwerend hinzu, dass sie während der Schwangerschaft ein Praktikum auf einer orthopädischen Abteilung mit ausschließlich von Geburt an geschädigten Kindern macht. Alle dort stationierten Kinder leiden an Spina bifida, einer Rückenmarksschädigung. Als Vilma mit Liesl aus dem Spital nach Hause kommt, wickelt sie das Kind sofort aus, um nachzuschauen, ob das Kind wirklich gesund sei, da sie den Krankenschwestern nicht traut. Das Kind ist gesund, isst und trinkt aber nicht. Liesl ist so dünn, dass eine Kollegin im Jugendamt meint, jeder anderen Mutter hätte die Fürsorge das Kind längst weggenommen. Vilma fürchtet sogar, dass das Kind nicht lebensfähig sei. »Wenn ein Kind krank ist, rennt die Mutter zum Arzt. Wenn dein Kind dünn und verhungert war, dann war das für dich noch mehr: Erinnerungen, Hunger, KZ.«[206] Vilma macht sich große Sorgen und reagiert ganz hysterisch, wie sie selbst im Interview sagt. Erst nach der Geburt des zweiten Kindes, Ruth, im Jahr 1950 beginnt Liesl normal zu essen und zu trinken. Sie isst dann so viel, dass sie sogar rundlich wird. »Bei Ruth hatte ich diese Ängste nicht. Sie hat zwar normal gegessen, aber sie hat nicht zugenommen.«[207] Ruth ist allerdings so dünn, dass die Volksschullehrerin die Mutter vorlädt und fragt, ob sie genug zu essen hätten.

Vilma ist als berufstätige Frau mit Arbeit und Haushalt doppelt belastet. Sie ist völlig überfordert, zumal Dolly weder im Haushalt hilft, noch sich ernsthaft um die Familie kümmert. Um mit den Kindern zu spielen, hat Vilma weder Zeit noch Geduld.

Im November 1950, zwei Monate nach Ruths Geburt, zieht die Familie in den 2. Bezirk in die sowjetische Besatzungszone, in das Haus Taborstraße 21A, Stiege 2, Tür 36. Es ist ein arisiertes Haus, das die Sowjets, wie sie es allgemein handhaben, nicht an die jüdischen Besitzer zurückgegeben, sondern beschlagnahmt haben. Vor dem Anschluss wohnten auf der Stiege 2 bis auf eine Familie namens Schützenhofer ausschließlich jüdische Familien. Alle jüdischen Bewohner wurden entweder deportiert oder hatten emigrieren können. In die frei gewordenen Wohnungen zogen Profiteure oder Nazis. Nach der Beschlagnahmung des Hauses durch die Sowjets mussten alle Mieter ausziehen, auch die Schützenhofers, die schon vor dem Anschluss auf Türnummer 36 gewohnt hatten, also keine Profiteure waren. Da im Haus gegenüber, in der Taborstraße 24A, die sowjetische Kommandantur war, wohnten bis 1950 vermutlich sowjetische Offiziere in dem Haus. Ab 1950 wurden die Wohnungen an österreichische Kommunisten vermietet. Der Familie Steindling wurde die Wohnung Nummer 36 zugeteilt, wo jene nichtjüdische Familie schon vor 1938 gewohnt hatte. Nach dem Staatsvertrag 1955 durften die Schützenhofers wieder in ihre Wohnung in der Taborstraße einziehen, und die Familie Steindling musste ausziehen. Üblicherweise prozessierten die ehemaligen Mieter, um ihre Wohnungen zurückzubekommen.

Nach den beengten Verhältnissen in der Alfred-Wegener-Gasse stellt die Wohnung in der Taborstraße eine große Erleichterung für die Familie dar. Das Haus Taborstraße 21A ist ein elegantes, bürgerliches Jugendstilhaus. Die Wohnung befindet sich im vierten Stock mit einem nicht funktionierenden Holzaufzug, hat zwei geräumige Zimmer, ein Kabinett, ein großes Vorzimmer, ein Bad, eine Küche und ein Dienerzimmer mit einem Gangfenster, das als finsteres Kohlenkammerl fungiert und in das Dolly die Kinder sperrt, wenn er meint, dass sie schlimm waren. Dolly und Vilma freunden sich mit einigen Mietern im Haus an, so haben die beiden Kinder bald Spielgefährten. Eine besondere Freundschaft verbindet sie mit der Familie Schwarz, die im 1. Stock in einer Wohnung wohnt, die ursprünglich einer Familie Pisk gehört hat, die nach Theresienstadt deportiert worden war. Nach ihrer Deportation war ein deutscher Nazi in die Wohnung eingezogen.

Vilma arbeitet zunächst im Jugendamt im 3. und später im 2. Bezirk, in der Karmelitergasse, wenige Gehminuten von der Wohnung entfernt. Kinder, Haushalt und Beruf strengen sie sehr an, zumal sie durch die KZ-Haft psychisch schwer belastet ist. Außerdem gibt es keine Waschmaschine, keinen Staubsauger, keinen Kühlschrank und keine Zentralheizung. Das Leben gestaltete sich also um einiges schwieriger als heutzutage. Gelegentlich hilft Tante Fanny. Auch sie ist von den Strapazen der Emigration in Shanghai gezeichnet, wo sie von 1939 bis 1947 gelebt und sich als Haushälterin und Putzfrau durchgeschlagen hat.

Nachdem alle Länder ihre Grenzen für jüdische Bürger geschlossen hatten, war Shanghai bis 1940 der letzte mögliche Zufluchtsort. Bis 1943 lebten die Emigranten dort einigermaßen gut. Allerdings war Shanghai aufgrund des chinesisch-japanischen Krieges von Japan besetzt und Japan war mit Hitler-Deutschland verbündet, es gehörte zur Achse. Als Achsenmächte bezeichnete man im Zusammenhang des Zweiten Weltkriegs das Deutsche Reich und seine Bündnispartner, insbesondere Italien und Japan.[208] Erst als Hitler die Japaner zwingen wollte, die Juden zu ermorden, wurden die Lebensumstände wesentlich schlechter. Die Japaner ermordeten die Juden zwar nicht, errichteten aber auf einer Fläche von 2,5 Quadratkilometern ein Ghetto im Norden Shanghais, im Stadtteil Hongkew, in dem nach kürzester Zeit bitteres Elend herrschte. Das Stadtviertel war durch einen

1 Grabstein des Großvaters von Vilma Steindling, Gustav Neufeld, am jüdischen Friedhof von Neulengbach

2 Berta Neufeld, die Mutter von Vilma

MINISTÈRE
DES
PRISONNIERS, DÉPORTÉS
ET RÉFUGIÉS.

RÉPUBLIQUE FRANÇAISE.

DIRECTION DE LA CAPTIVITÉ.

SOUS-DIRECTION
DES FICHIERS ET STATISTIQUES.

CERTIFICAT.

No 025217

Le Chef du bureau des Fichiers des (1) *Internés et Deportés Politiques*. certifie, d'après des documents que possède son service que M (2) *ademoiselle GEIRINGER Vilma* né le *4 aout 1919* à *Vienne-autriche* a été (3) *Internée Politique* à *Fresnes - Romainville* du *5 Decembre 1942* au *27 Mai 1943*.

Le présent certificat a été délivré pour valoir ce que de droit.

Paris, le *10 aout 1945*

NOM ET ADRESSE.
de l'intéressé :

*Melle - Geiringer -
17 rue Emile Duchand
Paris VII*

Pour le Sous-Directeur des Fichiers et Statistiques :

*PO Le Chef du bureau
Le Chef de section de
coordination des recherches*

(1) Déportés ou Internés politiques ou Prisonniers de guerre ou Travailleurs déportés
(2) Monsieur ou Madame ou Mademoiselle.
(3) Déporté ou Prisonnier de guerre ou Interné.

J 507717.

Vilma nach ihrer Befreiung
Ravensbrück in Stockholm
Gerti Schindel

4 Bescheinigung über die Haftmonate in den verschiedenen
Gefängnissen in Frankreich

830
/4²

CERTIFICAT DE DOMICILE

Je soussigné, Monsieur _Lainé_

Concierge de l'Immeuble, sis _avenue Emile Deschanel_ , Nº _17_

certifie que M _adame Géiringer Wilma_

est domicilié e dans le dit Immeuble depuis le _30 juillet 1945_

Paris, le _1ᵉʳ août_ 19 _45_

Visé seulement
Visa du Commissaire de Police: pour certi...
de la si...
Paris...
Le Commissaire de P...

– 1 AOUT 1945

SIGNATURE:

Lainé Wné

R.-des P. 4928 Seine C. A. O.   IMPRIMERIE ROBLOT, 109 bis, Rue St-Dominique et 114, Rue de Grenelle - Tél. SÉGur 00-63   2.000 c., 3-43. 456

FORCES FRANÇAISES DE L'INTÉRIEUR
1940

FRANCE D'ABORD
F.T.P.F.

FRANCS-TIREURS ET PARTISANS FRANÇAIS
1944

DIPLOME

DÉCERNÉ PAR LE
COMITÉ MILITAIRE NATIONAL
DES FRANCS-TIREURS ET PARTISANS FRANÇAIS

à Mᵉ _Géiringer Wioma_

QUI A SERVI AVEC BRAVOURE DANS LES RANGS DES
F.T.P.F. EN QUALITÉ DE
PENDANT LA GUERRE DE LIBÉRATION NATIONALE.
IL A DROIT A LA RECONNAISSANCE DE LA PATRIE LIBÉRÉE.

PARIS, LE _24 août 1944_
LE PRÉSIDENT DU COMITÉ MILITAIRE NATIONAL
DES FRANCS-TIREURS ET PARTISANS FRANÇAIS

CHARLES TILLON
DÉPUTÉ DE LA SEINE

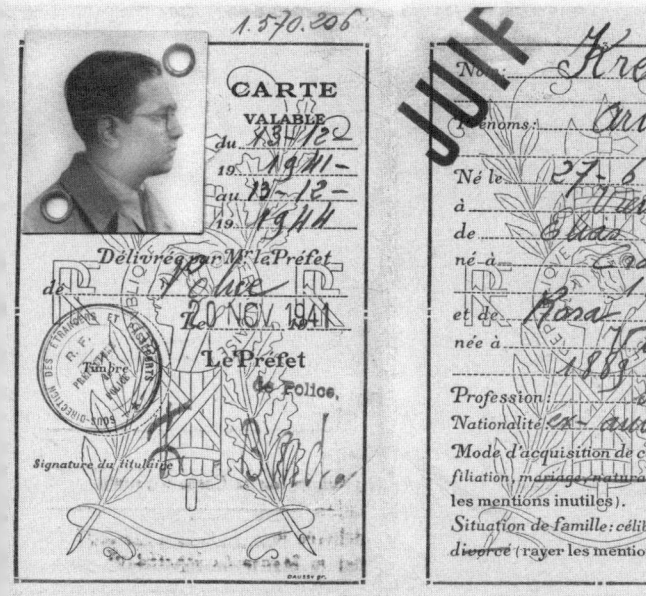

Arthurs Carte
d'Identité aus
Frankreich

8 Arthur Kreindel,
Vilmas Lebens-
gefährte, mit dem
sie nach Paris
emigriert ist

Vilmas Aner-
kennungsdiplom
ihre Tätigkeit
der Résistance

MINISTÈRE
DES ANCIENS COMBATTANTS
ET VICTIMES DE GUERRE

DIRECTION DES STATUTS
ET DES SERVICES MÉDICAUX

Sous-Direction des Statuts de
Combattants et Victimes de Guerre

"DEPORTES ET STATUTS DIVERS"
Bureau des Indemnisations
et de la Documentation

NOTA. — Les réponses doivent, outre le
numéro d'ordre, rappeler les indications du
timbre ci-dessus.

DSD/2. - SL/SD

PARIS, le - 8 AOUT 1963
139, rue de Bercy - (XII°)

Cette attestation est uniquement destinée à permettre
à son titulaire de faire valoir ses droits éventuels
au regard de la législation allemande relative à
l'indemnisation des victimes de la persécution nationale socialiste et n'a aucune valeur au sens des
lois n° 48-1251 et 48-1404 des 6 Août et 9 Septembre
1948 établissant les statuts des Déportés et Internés

- A T T E S T A T I O N -

     Le Chef du Bureau des Indemnisations et de la Documentation,

certifie que d'après les renseignements en sa possession, Monsieur

KREINDEL Arthur, né le 2 juin 1916, à VIENNE (Autriche), a été interné

à la prison de Fresnes du 2 décembre 1943 au 25 juillet 1944, transféré

au camp de Drancy (matricule 25.954), et déporté au camp d'Auschwitz

par un convoi en date du 31 juillet 1944. Monsieur KREINDEL a été interné

le 28 janvier 1945 au camp de Dachau (matricule 140.224) où il est décédé

le 28 mars 1945.

                        Le Chef du Bureau des Indemnisations

9 Bescheinigung über die
Haftmonate und die Deportation nach Auschwitz und Dachau
von Arthur Kreindel

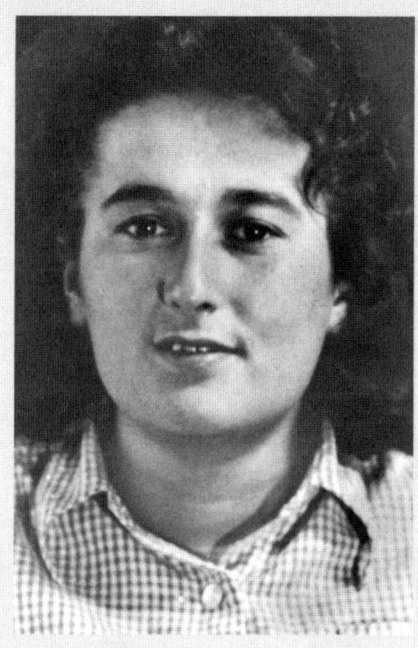

10/11 Vilma nach dem Krieg zurück in Wien

12 Vilma, ihr Mann
Adolf und ihre ältere
Tochter Elisabeth

13 Vilma und ihr Mann,
Adolf Steindling

Dem Mietengesetz unterliegende Räume.

Orginal ... Fragezett
aute SMP 2655/55 (N)
22 Nov. 1955

Mietvertrag

Herrn
Frau
wohnhaft in

Eigentümer(in) des Hauses II., Taborstrasse 21a
als Vermieter(in), vertreten durch

und

Herrn   S t e i n d l i n g   Adolf
Frau

derzeit wohnhaft in II., Taborstrasse 21a
als Mieter(in)

1. **Mietgegenstand:** Vermietet wird die — XXXXX dem Mietengesetz unterliegende Wohnung — XXXXXX — XXXXXGeschäftslokalX im Hause

Wien II., T a b o r s t r a s s e 21a   top. Nr. 36

bestehend aus **Vorzimmer, 2 Zimmern, Kabinett, Küche u. Dienerzimmer**

2. **Bedungener Gebrauch:** Der Mietgegenstand wird für eigene Wohnzwecke — XXXXXXXXXXXXXXXXXXXXXX XXXXXXXXXXX verwendet.
   Eine Änderung des Verwendungszweckes ist ohne vorherige schriftliche Zustimmung des Vermieters unzulässig.
   Eine Untervermietung oder sonstige, welchen Namen immer habende Überlassung der Bestandräume oder einzelner Bestandräume ist nur nach vorheriger Genehmigung des Vermieters gestattet.

3. **Mietzeit:** Das Mietverhältnis beginnt am **22. Nov. 1950**
   Der Mietvertrag wird auf unbestimmte Zeit abgeschlossen. Er kann von beiden Teilen unter Einhaltung einer vierzehntägigen — vierteljährigen — halbjährigen Kündigungsfrist zum Ende eines jeden Kalendermonates — zu den ortsüblichen Kündigungsterminen — gerichtlich aufgekündigt werden
   oder
   Das Mietverhältnis beginnt am _____ und wird auf die Dauer von
   _____ Jahren abgeschlossen. Es endet daher am _____. Mangels ausdrücklicher, vor Ablauf der Vertragsdauer dem anderen Vertragsteile gegenüber abgegebener Erklärung eines der beiden Vertragsteile, daß das Mietverhältnis über die vereinbarte Dauer nicht fortgesetzt werden soll, gilt der Mietvertrag als auf unbestimmte Zeit verlängert. In diesem Falle kann sodann das Mietverhältnis von beiden Teilen, unter Einhaltung einer vierzehntägigen — vierteljährigen — halbjährigen — Kündigungsfrist zum Ende eines jeden Kalendermonates — zu den ortsüblichen Kündigungsterminen — gerichtlich aufgekündigt werden.

4. **Mietzins:** Als Mietzins wird der jeweils gesetzlich zulässige Mietzins, also derzeit, der sich aus den §§ 2 ff MG., § 16, Abs. 1 MG. und § 9 WWG. ergebende, allenfalls gem. § 7 MG. ehöhte Mietzins vereinbart.
   Der Mietzins für 1914 betrug **1400** Kronen im Jahr.
   Der Mieter tritt gem. § 2, Abs. 2, Z. 5 der Wasserleitungsschäden- und Glasbruchversicherung in der jeweilig angemessenen Höhe bei.

15 Vilmas Tante
Fanny Neufeld,
ihre einzige
Verwandte

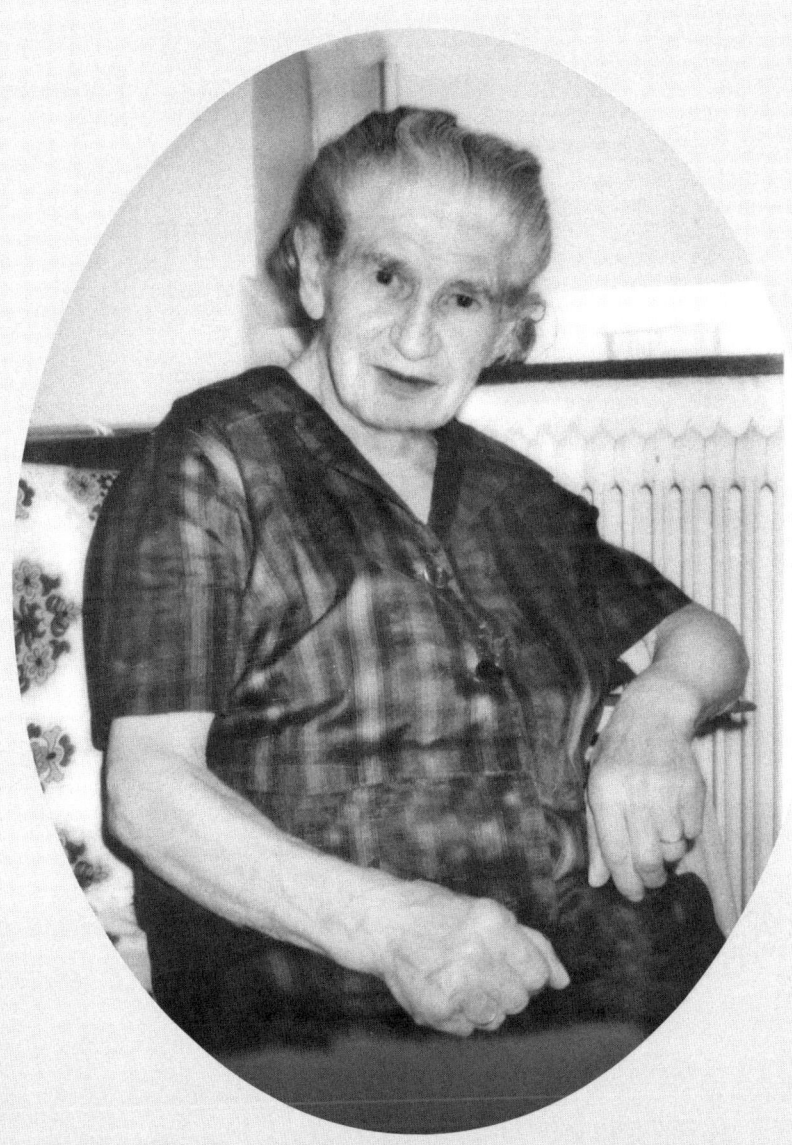

16 Fanny Neufeld

I. Diese Amtsbescheinigung ist ein Dauerausweis. Sie ist nach Vorweis dem Berechtigten zurückzugeben.

II. Sie verpflichtet alle Behörden und öffentliche Organe, den sie vorweisenden Inhaber bevorzugt vorzulassen, sein Ansuchen im Sinne des § 4 des Opferfürsorgegesetzes zu fördern und begünstigt zu behandeln.

III. Das Opferfürsorgegesetz sieht vor, daß bei Vorweis dieser Amtsbescheinigung gewährt wird, bzw. gewährt werden kann, und zwar:

a) Begünstigungen:
 1. auf dem Gebiete der Renten- und Unfallversicherung;
 2. bei Gründung, Wiederaufrichtung oder Stützung der wirtschaftlichen Existenz;
 3. bei Vergebung von Geschäftsstellen der Klassenlotterie, Lottokollekturen und Tabakverschleißgeschäften;
 4. bei Vergebung und Zuweisung von Wohnungen, Siedlerstellen und Kleingärten;
 5. Begünstigungen auf dem Gebiete der Steuer- und Gebührenpflicht;
 6. durch Nachlaß und Ermäßigung von Studien- und Prüfungsgeldern.

b) Fürsorgemaßnahmen:
 1. Rentenfürsorge;
 2. Heilfürsorge;
 3. Kinderfürsorge.

IV. Diese Amtsbescheinigung wird für ungültig erklärt und eingezogen, wenn durch ein Verhalten des Inhabers in Wort und Tat, das im Widerspruch mit den Zielen eines freien, demokratischen Österreich steht oder stand, die Anspruchsberechtigung nach dem Opferfürsorgegesetz verwirkt ist.

Amtsbescheinigung

Nr. 32 95/47

nach § 4 des Opferfürsorgegesetzes vom 4. Juli 1947, BGBl. Nr. 183.

Zur Beachtung!

Alle Behörden und öffentlichen Organe haben Inhaber dieser Amtsbescheinigung vor allen anderen Parteien vorzulassen und ihr Ansuchen begünstigt und beschleunigt zu behandeln.

St. Dr. Lager-Nr. 163. — Österreichische Staatsdruckerei, Verlag. 8022.47

Es wird hiermit bescheinigt, daß bei

Steindling Velma

geboren am 4.8.1919 in Wien

wohnhaft in Wien XIX *

Alfred Wegensgane 8

zufolge § 1, Abs. (1), lit. a, b, c, d, e,*) beziehungsweise Abs. (3) und Abs. (4), die Voraussetzungen des § 1 des Gesetzes vom 4. Juli 1947, BGBl. Nr. 183 (Opferfürsorgegesetz), zutreffen, er, sie*) somit als Opfer,*) als Hinterbliebene(r) eines Opfers*) des Kampfes um ein freies demokratisches Österreich im Sinne dieses Bundesgesetzes zu behandeln ist.

Ausstellungsdatum: 18. April 1951

Für den Landeshauptmann

* neue Adresse: 2., Tabinstrane 22a/36

Diese Bescheinigung ist zufolge § 4, Abs. (2), dieses Gesetzes für alle mit der Zuerkennung und Durchführung der Fürsorgemaßnahmen und Begünstigungen dieses Gesetzes befaßten Stellen bindend.

*) Nichtzutreffendes ist zu streichen.

18 Vilma Steindling und ihre Tochter Ruth in Lignano, Mitte der 1950er-Jahre

...mtsbescheinigung über ihre Invalidität aus dem 1951, ausgestellt von der Republik Österreich

19 Vilma mit ihrem ersten Auto
in Paris, im Hintergrund Fanny
Gingold, eine Freundin aus der
»Mädlarbeit« in Paris

Steindling
Steindling Vilma   MA12-7373/B/11
geb. 4.8.1919
wh. Siebenbürgerstr. 4/41/4
1220 Wien

Wien, am 11. Nov. 1974

An die

Magistratsabteilung 2 - Personalamt

Rathaus

Auf Grund des Opferfürsorgegesetzes
bin ich als Opfer anerkannt, besitze
eine Amtsbestätigung und beziehe
eine Opferfürsorgerente. Meine Minderung
der Erwerbsfähigkeit beträgt 40% KOVG
und ich ersuche um die Gewährung
der (vorgesehenen) zusätzlichen Urlaubstage.
    Als Nachweis lege ich den Bescheid
die M.G. 12 - Opferfürsorge bei.

                    Hochachtungsvoll

2 Beilagen.

Brief Vilmas an die MA2 von 1974 bezüglich des Opferfürsorgegesetzes

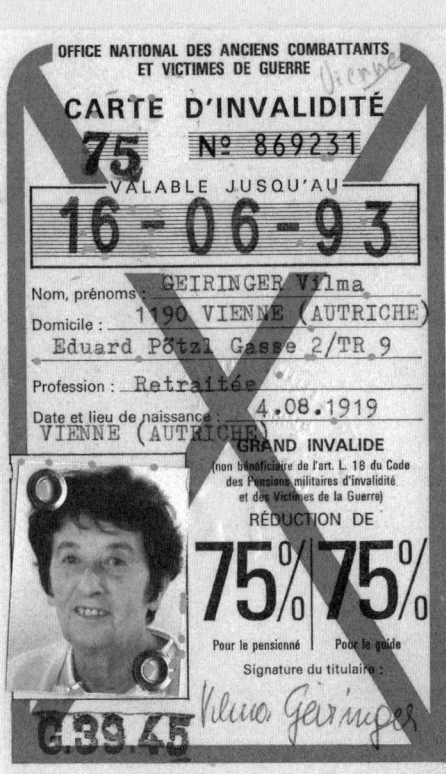

OFFICE NATIONAL DES ANCIENS COMBATTANTS
ET VICTIMES DE GUERRE

CARTE D'INVALIDITÉ
75 N° 869231
VALABLE JUSQU'AU
16 - 06 - 93

Nom, prénoms : GEIRINGER Vilma
Domicile : 1190 VIENNE (AUTRICHE)
Eduard Pötzl Gasse 2/TR 9
Profession : Retraitée
Date et lieu de naissance : 4.08.1919
VIENNE (AUTRICHE)
GRAND INVALIDE
(non bénéficiaire de l'art. L. 18 du Code
des Pensions militaires d'invalidité
et des Victimes de la Guerre)
RÉDUCTION DE
75% 75%
Pour le pensionné   Pour le guide
Signature du titulaire :
Vilma Geiringer
6.39.45

21 Carte d'Invalidité, ausgestellt in Frankreich, aus dem Jahr 1993

22 Ruth Steindling (Mitte) bei einem internationalen Jugendtreffen von Kinder von ehemaligen Lagerinsassinnen aus de Jahr 1965 in Ravensbrück, zusammen mit Antonie Lehr (l.) und Charlotte Gruia (r.)

Bombenangriff der Japaner zerstört worden. Es herrschten unbeschreibliche hygienische Verhältnisse, warmes Wasser musste man kaufen, es gab keine Toiletten, die vollen Kübeln mit dem »Nachtunrat« wurden in der Früh eingesammelt, es gab kein Heizmaterial im Winter, im Sommer war es unerträglich heiß, in manchen Behausungen wohnten fast sechzig Menschen in einem Raum. Es kam zu einer Typhusepidemie und viele starben. Um das Ghetto verlassen und arbeiten zu können, brauchte man einen Pass. Um einen solchen zu bekommen, war man allerdings vom guten Willen eines bösartigen Beamten des Kaisers abhängig.[209]

Fanny war gemeinsam mit ihrer verwitweten Schwester Paula Spielmann emigriert, die im Ghetto unter ungeklärten Umständen starb. Die österreichische Regierung wollte die Rückkehr der Shanghai-Emigranten, die die österreichische Staatsbürgerschaft verloren hatten, verhindern und ihnen die österreichische Staatsbürgerschaft verwehren. Sie fürchtete, die jüdischen Ärzte und Rechtsanwälte wären eine Konkurrenz für die Österreicher.

Nach der Rückkehr aus Shanghai wohnt Fanny im 2. Bezirk in der Malzgasse 7 in dem früheren jüdischen Lehrlingsheim für Mädchen, das nach dem Krieg zu einem Altersheim umfunktioniert worden ist. Ab 1950, im Alter von siebenundsechzig Jahren, wohnt sie im jüdischen Altersheim im 9. Bezirk in der Seegasse 9. Sie ist die einzige Verwandte, zu der Vilma Kontakt hat. Ein Teil der Neufelds starb eines natürlichen Todes, ein Teil emigrierte nach England, und ein Teil wurde von den Nazis ermordet. Eine einzige Verwandte heiratete einen Nichtjuden und überlebte in Eichgraben.

Nach ihrer Rückkehr aus Shanghai gibt Tante Fanny eine Vermisstenanzeige auf, um Vilma zu finden. So nehmen die beiden wieder Kontakt zueinander auf, nachdem sie sich 1937 zum letzten Mal gesehen haben. Tante Fanny ist ledig, herzensgut und anspruchslos, eine einfache Seele, ziemlich schrullig und ver-schroben. Vilma spricht von ihr immer als von der »Urstrumpf-tant«. Sie ist klein, rundlich, hat weißes Haar, das sie in eine Dauerwelle legt und über das sie ein dünnes Haarnetz stülpt, wie es ältere Leute damals noch gelegentlich getragen haben, damit die Frisur nicht in Unordnung gerät. Sie hat starke O-Beine und jammert immer über Schmerzen beim Gehen auf dem damals in Wien weit verbreiteten Kopfsteinpflaster. Sie trägt hohe braune Schnürschuhe und meistens blaugraue Schürzenkleider mit Taschen, in denen sie Toilettenpapier und Kleingeld hortet. Im hohen Alter glaubt sie ständig, bestohlen worden zu sein.

Soweit es Beruf und Kinder erlauben, engagiert sich Vilma in der Kommunistischen Partei. Sie ist nach wie vor eine überzeugte Kommunistin, vom Terror des Stalinismus erfährt sie damals noch nichts, die Rückkehrer aus der sowjetischen Emigration schweigen. Auch von der Verschleppung einzelner Österreicher in den Gulag durch den NKWD, den Vorläufer des KGB, und von der Jagd österreichischer Stalinisten auf Trotzkisten bekommt sie nichts mit.[210]

Ein berühmtes Beispiel einer Verschleppung ist die Entfüh-rung von Margarethe Ottilinger, einer engen Mitarbeiterin des ÖVP-Ministers Peter Krauland. Sie wurde 1948 an der alliierten Zonengrenze (Ennsbrücke) auf dem Weg nach Wien von sowje-tischen Soldaten aus Kraulands Auto heraus verhaftet, wegen »Spionage« zu fünfundzwanzig Jahren Haft verurteilt und ver-brachte sieben Jahre in sowjetischen Gefängnissen. Die Partei-spitze hielt die Aktionen geheim oder stellte die Verschleppten und Gejagten als Verräter hin.

Die allerschlimmste Not ist inzwischen überwunden und die Verhältnisse normalisieren sich. Entsprechend den Umständen der Nachkriegszeit gibt es genug zu essen und die Familie verfügt über ausreichende Mittel, um sich einzukleiden. Vilma und Dolly kaufen billig in den Läden der USIA. Die USIA betreibt Geschäfte, in denen es sehr günstig Lebensmittel, Stoffe und sogar Luxusgüter wie Nylonstrümpfe und Schweizer Uhren gibt. Dies ist möglich, weil sich die USIA-Betriebe nicht an die österreichische Gewerbeordnung halten müssen und keine Zölle, keine Umsatzsteuer und auch keine Verbrauchssteuern abführen müssen.

In dieser Zeit lässt sich Vilma auch die tätowierte Nummer aus Auschwitz operativ entfernen, um endlich nicht mehr den Blicken und den unangenehmen Fragen ausgesetzt zu sein.

1956, als die Familie Schützenhofer wieder in die Taborstraße 21A ziehen kann, wird der Familie Steindling eine sechsundfünfzig Quadratmeter große Wohnung im 2. Bezirk in der Schüttelstraße 3 in einem neu errichteten Gemeindebau zugewiesen. Das Haus wurde von der berühmten Architektin Margarete Schütte-Lihotzky geplant. Die Wohnung besteht aus drei winzigen Zimmern mit französischen Fenstern, einer ebenso winzigen Küche, einem sehr kleinen Bad und einem engen, schlauchartigen Vorzimmer, in dem ein Vierteltelefon an der Wand hängt. In Österreich wurden bis in die 1980er-Jahre sogenannte »Vierteltelefone« von beinahe der Hälfte aller Telefonbesitzer benützt. An so einem Telefon hingen vier Teilnehmer. Das bedeutete, dass immer nur einer von den vier Teilnehmern telefonieren konnte.

Im Wohnzimmer steht ein Dauerbrandofen, der die ganze Wohnung beheizt. Dauerbrandöfen waren nicht ganz unproblematisch. Auch bei den Steindlings fiel einmal das Ofenrohr aus der Wand und es kam zu einer gefährlichen Rauchentwicklung.

1956 tritt Dolly in die Central Wechsel und Creditbank A. G. (CWAG), eine Niederlassung der ungarischen Nationalbank in Wien, ein, wo er sich rasch hocharbeitet und es bis zum Generaldirektor bringt. Der Familie geht es finanziell etwas besser, sie kann für die neue Wohnung Möbel kaufen und sogar eine Waschmaschine mit einem riesigen Tauchsieder zum Wassererhitzen, da Waschmaschinen zu dieser Zeit das Wasser noch nicht erhitzen konnten.

Einmal vergisst Vilma in ihrer Nervosität, in die schon mit Wäsche gefüllte Waschmaschine Wasser einzulassen, und steckt den Tauchsieder an. Die Wäsche ist komplett verbrannt. Das ist nicht das einzige Missgeschick, das Vilma passiert. Ein anderes Mal wirft sie zusammen mit Zeitungspapier einen Tausend-Schilling-Schein in den Ofen – für die damalige Zeit ein äußerst großer Verlust.

X. Konspirative Tätigkeit
Aktivitäten für die KPÖ

Vilma machte Ruth gegenüber manchmal Andeutungen, dass sie für die KPÖ gefährliche Aktionen durchgeführt hätte. So hatte sie etwa in den Fünfzigerjahren italienische Genossen, über die Grenze geschmuggelt.

»[…] Das war so im Einsatz nach 1945 für hunderte italienische Genossen, die vielfach noch verfolgt wurden, zum Teil in Gefängnissen saßen und denen wir zur Flucht über die Grenze halfen.«[211]

Sie deutete auch mehrmals an, dass die Partei sie hochgehen lassen wollte, was ziemlich sicher ihr Ende bedeutet hätte. Genaueres erzählte sie nicht. Diese Aktionen waren offenbar höchst gefährlich. Ruth erinnert sich, dass sie und ihre Schwester öfter einige Tage bei Freunden untergebracht waren, weil Vilma ein paar Tage für die Partei verreisen musste, wie sie den Kindern erklärte. Diese konspirative Tätigkeit dürfte sie höchstens drei bis fünf Jahre lang ausgeübt haben. Thea Scholl erzählt, dass Vilma ausgesucht wurde, weil sie als sehr verlässlich galt und auch nicht zum Parteikader gehörte. Von ihrer Zeit in der Résistance wusste man, dass sie verschwiegen war und niemanden verraten hatte, was die wichtigste Grundvoraussetzung für eine konspirative Tätigkeit war.

Die Nachforschungen der Autorinnen beim Archivar des KPÖ-Archivs in dieser Sache blieben leider erfolglos. Es gebe angeblich nichts darüber, und das sei auch gut so. Die Recherchemöglichkeiten sind sehr beschränkt, da alle Beteiligten bereits verstorben sind oder aufgrund ihres hohen Alters nicht mehr befragt werden können. Einige KPÖ-Mitglieder, die trotz ihres sehr hohen Alters noch befragt werden konnten, wussten leider nichts darüber. Irma Schwager zum Beispiel meinte, dass die KPÖ sie mit so gefährlichen Aktionen nicht belastet hätte, da sie zwei kleine Kinder gehabt hatte. Einige interessante Hinweise kamen von Nachkommen ehemaliger KPÖ-Aktivisten. Die plausibelste Darstellung über die konspirative Tätigkeit gab Herbert Fleischner, dessen Vater Walter ebenfalls involviert gewesen war. Walter Fleischner war möglicherweise gemeinsam mit Vilma im Auto an die italienisch-österreichische Grenze gefahren und hatte eine Gruppe von ehemaligen italienischen Partisanen, die während des Krieges Menschen umgebracht hatten, über die grüne Grenze in Kärnten nach Österreich gebracht. Herbert Fleischner nannte einen möglichen Übergang, wo man sowohl mit einem Auto als auch einem Bus relativ nahe an die Grenze heranfahren konnte: die Wolaye, die man im Lesachtal von Birnbaum über Nostra erreichen kann. Dort hätte bereits ein Bus gewartet, den Walter gelotst hätte, um die Partisanen in die ČSSR zu bringen. Nach dem Staatsvertrag 1955 entspannte sich die politische Lage und die ehemaligen italienischen Partisanen wurden wieder illegal nach Italien zurückgeschleust, da sie ja offiziell nie aus Italien ausgereist waren und Angst hatten, bei einer legalen Einreise inhaftiert zu werden.

Prinzipiell könnte auch eine ähnliche Aktivität von Griechenland aus stattgefunden haben, wie uns Michael Graber, der Finanzreferent der KPÖ, mündlich mitteilte.

XI. Die Kaktussuppe
Alltag

1950 beträgt die Arbeitszeit achtundvierzig Wochenstunden und 1959 geht man zur Fünftagewoche über. Vilma hat aufgrund ihres Status als NS-Opfer Anspruch auf eine sogenannte »Amtsbescheinigung« und somit auf eine Opferrente und auf Minderung der Einkommensfähigkeit um vierzig Prozent aufgrund der Haftzeiten. 1947 beantragt sie die Amtsbescheinigung und bekommt ab 1950 eine monatliche Opferrente von fünfundzwanzig Schilling. Dies entspricht 2016 einem Kaufwert von 19,11 Euro. Wir wissen, dass sie aufgrund des Opferstatus um Verlängerung der Urlaubszeit angesucht hat. Ob dem Ansuchen allerdings auch tatsächlich stattgegeben worden ist, ist nicht mehr in Erfahrung zu bringen, da weder im Stadtarchiv noch im Magistrat für Jugend und Familie Arbeitsverträge aus dieser Zeit vorhanden sind.

1953 bekommt Vilma die erste Haftentschädigung – die in vier Tranchen ausbezahlt worden ist – von 12 500 Schilling, was im Jahr 2016 einem Kaufwert von 667 Euro entspricht. Auch bezieht sie von Frankreich eine kleine Opferrente, sodass die Familie mit Vilmas und Dollys Gehalt zwar in bescheidenen, aber durchaus ausreichenden Verhältnissen leben kann. Da Vilma frankophil ist und sowohl sie als auch Dolly Französisch sprechen, wollen sie die Kinder in die französische Schule schicken. Viele jüdische Schüler besuchen nach dem Zweiten Weltkrieg das Lycée Français de Vienne, da zahlreiche jüdische Schulen geschlossen worden sind. Man konnte also sicher sein, dass dort keine Nazis und keine Antisemiten unterrichteten. Die Partei allerdings verbot Kommunisten den Besuch der französischen Schule. Sie galt für die KPÖ als zu elitär und bourgeois. Letztlich fügen sich die Eltern und schicken die Kinder in eine öffentliche Schule, jedoch nicht in die Stubenbastei, das einzige Gymnasium, in dem Russisch als Pflichtfach unterrichtet wird und in das fast alle Kommunistenkinder gehen. Die Eltern wollen, dass die Kinder Englisch – also eine westliche Fremdsprache – lernen. Es mag verwundern, dass sie sich nicht dem Gruppendruck in der Partei und der Mehrheit unterworfen haben, zumal vor allem Vilma eine so engagierte Kommunistin war.

Liesl und Ruth gehen regelmäßig zu den Nachmittagen der Sturmvögel und der Jungen Garde, den beiden kommunistischen Jugendorganisationen, machen mit den Kindergruppen Ausflüge, fahren in Zeltlager und lassen nie den Aufmarsch am 1. Mai und das Volksstimmefest aus. In den Sommerferien werden sie in die Ferienlager der KPÖ nach Kärnten und in das Lager der kommunistischen Polizei nach Italien verschickt. Ruth gefällt es in den dreiwöchigen Sommerlagern in Kärnten nicht. Es herrscht ein strenges Regime, die Post an die Eltern wird zensuriert, das Essen ist äußerst schlecht und die Kinder werden zum Essen gezwungen.

Selbstverständlich marschieren auch Vilma und Dolly am 1. Mai mit und besuchen jedes Jahr das Volksstimmefest. Dolly trägt jeden Samstag die Wochenendausgabe der *Volksstimme* aus, Vilma muss zu dieser Zeit samstags am Vormittag noch arbeiten. In Dollys Funktion als Bankdirektor einer kommunistischen Bank kann er allen möglichen Leuten auf ihre Bitte Geld für verschiedenste Parteiaktivitäten zukommen lassen. Auch beim ersten Österreichischen Friedenskongress für Abrüstung und gegen Atomwaffen in Wien 1950 im großen Konzerthaussaal helfen Vilma und Dolly organisatorisch mit.

Trotz Kommunismus und Konfessionslosigkeit wird wie bei allen konfessionslosen Juden Weihnachten mit Christbaum, Weihnachtsbäckereien und Geschenken gefeiert. Als die Kinder noch klein sind, heißt es Weihnachten, später dann Weihnukka – eine Zusammensetzung aus »Weihnachten« und »Chanukka«, dem jüdischen Lichterfest. Jüdische Feiertage werden nicht begangen.

Da Vilma berufstätig ist, müssen die Kinder tagsüber versorgt werden. Teils verbringen sie die Nachmittage bei guten Freunden, die auch Kinder haben, teils passt Tante Fanny auf sie auf. Ruth ist nach der Volksschule oft bei der Familie Scholl, die in der Nähe wohnt. Die Scholls sind auch jüdische Kommunisten, die in der Emigration in England waren. Thea Scholl, Mutter von drei Kindern, nimmt Kinder von Freunden immer sehr herzlich auf. Ruth fühlt sich dort sehr geborgen. Aber auch unter Tante Fannys Obhut fühlen sich die Kinder wohl. Zu Ruth und Liesl ist sie sehr lieb, passt auf sie auf und kocht auch gelegentlich für sie. Einmal bereitet sie aus einem Kaktus, der in der Küche steht, eine Suppe zu, da sie ihn für Gemüse hält, das Vilma zum Kochen bereitgestellt hat. Als Vilma abends nach Hause kommt, die Suppe sieht und erfährt, woraus sie besteht, ist sie total entsetzt und heilfroh, dass die Kinder die Suppe noch nicht gegessen haben. Auch glaubt Fanny absurderweise, dass Vilma ein Zeichen in die Butter macht, um zu kontrollieren, wie viel Butter sie essen würde. In ihrer grenzenlosen Gutmütigkeit fischt sie einmal aus dem Erdäpfelgulasch, das Vilma am Abend zuvor gekocht hat, für Ruth, die keine Erdäpfel mag, die Wurststücke heraus, sodass die Eltern abends nur noch Erdäpfel vorfinden. Es ereignen sich auch noch einige andere skurrile Begebenheiten mit Tante Fanny. Als Fanny Ruth einmal von den Scholls um 14 Uhr abholen soll, aber zu früh dran ist, wartet sie zehn Minuten am Fensterbankerl vor der Wohnungstür, da sie es nicht wagt, beim Herrn Primar früher als vereinbart zu läuten. Eine weitere lustige Episode ereignet sich auf der Fahrt nach Reichenau an der Rax, wo Fanny ihren jährlichen Sommerurlaub verbringt. Dolly und Vilma bringen Fanny mit dem Auto nach Reichenau. Fanny sitzt auf der Rückbank und sagt unentwegt etwas zu Vilma, das Vilma wegen des lauten Motorengeräusches nicht versteht und Fanny bedeutet, es ihr in Reichenau zu sagen. In Reichenau angekommen, fragt Vilma Fanny, was sie ihr denn sagen wollte. »Ich habe meine Handtasche in Wien vergessen«, antwortet Fanny.

Im Oktober 1956 kommt es in Ungarn zu einem Volksaufstand gegen die Kommunistische Partei und die sowjetische Besatzungsmacht. Der Aufstand beginnt mit einer Demonstration der Studenten in Budapest, denen sich rasch eine große Menschenmenge anschließt. Die Regierung lässt in die Menge schießen, es kommt zu Kämpfen, die Aufständischen ersetzen die Einparteienregierung durch eine Regierung unter Imre Nagy. Der Freiheitskampf endet eine Woche später mit dem Einmarsch der Sowjetarmee, die eine prosowjetische Regierung unter János Kádár installiert. Hunderte Aufständische werden hingerichtet und es beginnt eine große Auswanderungswelle in den Westen.

Selbstverständlich beobachten auch die österreichischen Kommunisten das Geschehen genau. Es kommt zu einer Austrittswelle aus der Kommunistischen Partei, wenngleich viele die Invasion rechtfertigen. Auch Vilma und Dolly bleiben der Partei verbunden.

Sonntags kocht Vilma und Dolly geht mit den Kindern in den Wurstelprater und in die Prater-Hauptallee.[212] Oft werden auch Ausflüge mit Freunden aus der Partei und dem KZ-Verband gemacht. Trotzdem ist das Familienleben nicht so idyllisch, wie es den Anschein hat. Dolly und Vilma streiten sehr viel, vorwiegend um Geld, weil Dolly Vilma nie Geld geben will, um für die Kinder oder für die Wohnung etwas anzuschaffen. Aber auch wegen der Kinder wird viel gestritten, Vilma ist dabei zumeist aufseiten der Kinder. Dolly ist rechthaberisch, cholerisch und autoritär, sodass sich manchmal schreckliche Szenen abspielen. Seiner Meinung nach sind Liesls Noten nicht gut genug, die Kinder zu frech und kommen zu spät nach Hause. Später verbietet er den Töchtern, in das Café Hawelka oder in Discos zu gehen, er untersagt ihnen so gut wie alles, was Jugendliche gerne in ihrer Freizeit machen. In seiner Wut schlägt er die Töchter, schreit und zerbricht deren Bleistifte. Während Liesl alles verdrängt hat, erinnert sich Ruth, dass Liesl geschrien und zurückgeschlagen, ja frech zurückgeredet hat, dass Vater und Tochter sich gelegentlich sogar auf dem Boden gewälzt, einander gekratzt und angespuckt haben. Vilma ist dann danebengestanden und hat Dolly angefleht, endlich aufzuhören. Zumeist dachte er gar nicht daran. Sogar die Tatsache, dass Liesl nicht gleich Schifahren lernen will, weil sie Angst hat, versetzt Dolly in Wut. Auch Vilma kennt Dollys Jähzorn. Wenn Dolly abends missgelaunt nach Hause kommt, warnt sie die Kinder oft, indem sie Dolly eine Art Sticker mithilfe einer Distel am Rücken festmacht, auf dem »Achtung, dicke Luft« steht. Beharrt Dolly rechthaberisch auf seinem Standpunkt, was sich oft in langwierigen Diskussionen äußert, gibt Vilma auf und sagt zu den Kindern: »Wenn euer Papa sagt, das Wasser rinnt die Dachrinne hinauf, dann rinnt es die Dachrinne hinauf.« Streitigkeiten beendet Vilma oft mit: »Fiche-moi la paix!« – »Lass mich in Frieden!«

Nicht nur, dass Vilma, die ohnehin mit ihren Traumata zu kämpfen hat, mit der Arbeit, den Kindern und dem Haushalt überfordert ist, kommt auch noch regelmäßig Dollys Mutter aus Israel nach Wien und quartiert sich bis zu zwei Monate lang in der winzigen Wohnung in der Schüttelstraße ein. Sie lässt sich dann auf Dollys Geheiß von Vilma bedienen. Auch eine angeheiratete Verwandte quält Vilma durch häufige, nicht enden wollende Gespräche, bis Ruth ihr eines Tages zu verstehen gibt, dass ihre Besuche unerwünscht sind.

Dolly wird inzwischen Direktor der Central Wechsel- und Creditbank und verdient entsprechend gut, ohne die Familie davon profitieren zu lassen. Auch terrorisiert er Vilma, indem er ihr genau vorschreibt, wie sie sich bei Geschäftsessen zu verhalten habe und was sie alles nicht sagen dürfe. Vilma macht sich darüber bloß lustig.

Als Liesl einmal sieht, wie Dolly eine fremde Frau auf der Straße küsst, ist klar, dass er eine Geliebte hat. Es handelt sich dabei um die Buchhalterin und Kollegin Rudolfine Eckel, die er später auch heiratet, mit der er noch ein Kind bekommt und die später als »Rote Fini« bekannt geworden ist. Liesl erzählt der Mutter von dem Kuss, was heftige Auseinandersetzungen zwischen Vilma und Dolly zur Folge hat. Nun ist klar, woher seine schlechte Laune kommt, wenn er zu Hause ist. Erst einige Jahre später kommt es auf Dollys Wunsch zur Trennung.

1963 bezieht Vilma den zweiten Teil ihrer Haftentschädigung, ebenfalls in der Höhe von zwölftausend Schilling, und 1964 bekommt sie eine Entschädigung für Einkommensverluste in Höhe von zehntausend Schilling. Dieser Betrag entspricht im Jahr 2016 einer Kaufkraft von 3900 Euro.

Vilma gibt 1964 wegen Überforderung ihre Arbeit im Jugendamt auf, da sie nur halbtags arbeiten will, was damals als Fürsorgerin jedoch nicht möglich war. Inzwischen ist die Familie in eine größere Gemeindewohnung im 22. Bezirk in die Siebenbürgerstraße gezogen. Die Wohnung befindet sich am äußersten Stadtrand und man fährt mit der teils eingleisig geführten Straßenbahn eine Stunde ins Stadtzentrum. Dolly besitzt einen Firmenwagen, für die Kinder und Vilma bedeutet die Entfernung eine ziemliche Isolation. Die Konflikte und Streitereien gehen in aller Heftigkeit weiter. Einmal geht Dolly so weit, dass er die halbwüchsigen Töchter, als sie abends fünf Minuten zu spät nach Hause kommen, nicht in die Wohnung lässt. Vilmas Flehen, die Kinder hereinzulassen, ist vergebens. So fahren die beiden Mädchen in die Stadt zu einer Freundin. Danach spricht Dolly drei Wochen lang kein Wort mit den Kindern und auch mit Vilma kommuniziert er nicht, da sie zu den Kindern hält. Das Einzige, was Dolly auch bislang im Haushalt gemacht hat, war, für das Frühstück Tee und Kaffee zuzubereiten. Drei Wochen lang stellt er nun nur so viel Wasser zu, dass es gerade für den Kaffee für ihn und Vilma reicht. Setzt Vilma mehr Wasser auf, schüttet er es wieder weg, und das wiederholt sich mehrmals hintereinander.

1964 reist die Familie nach Israel, wo es zu einem Treffen mit Dollys Familie aus Israel und Amerika kommt. Zu diesem Zweck werden Ruth und Liesl ausnahmsweise auf Dollys Kosten neu eingekleidet, um bei den Verwandten einen guten Eindruck zu machen.

Liesl geht bald nach dem Umzug in den 22. Bezirk nach London und auch Dolly zieht wenig später aus, nachdem er Vilma erklärt hat, dass er sie nie geliebt habe, und Ruth ihm gesagt hat, dass er mit der Familie (Vilma und Ruth) nicht mehr zusammenleben könne. Vilma bleibt mit Ruth allein. Als Dolly auszieht, nimmt er vieles mit, was für die Familie einen hohen ideellen Wert besitzt. Unter anderem alle Fotos mitsamt den Negativen und der gesamten Fotoausrüstung, Ruths halbe Briefmarkensammlung für sein neues Kind, Bücher und Bilder. Nur die Wohnungseinrichtung, die Vilma von ihrer Haftentschädigung gekauft hat, lässt er zurück. Vilma fällt in eine schwere Depression. Sie arbeitet zu diesem Zeitpunkt gerade nicht und zieht sich ganz zurück, trifft kaum noch Freunde, lädt niemanden ein, sieht viel fern, löst Kreuzworträtsel, weint vorwiegend und sagt, dass ihr kein Mann mehr ins Haus komme.

1966 kommt es dann auf Dollys Wunsch offiziell zur Scheidung. Er muss sowohl für die Kinder als auch für Vilma Alimente zahlen. Als Bedingung für die Scheidung verlangt Vilma ein Auto, da sie sich im 22. Bezirk von der Welt abgeschnitten fühlt. Da sie im Gegensatz zu Dolly überhaupt nicht geschäftstüchtig ist, verlangt sie auf ihre bescheidene Art nur ein kleines Auto und macht im Alter von siebenundvierzig Jahren noch den Führerschein. Dolly jedenfalls zahlt nur ein Minimum und lebt selbst auf großem Fuß. Erst nach Dollys Tod im Jahr 1983 fühlt sich Vilma befreit und lebt wieder richtig auf.

Dolly hatte allerdings durchaus auch andere Seiten, er konnte charmant und liebenswürdig, sehr humorvoll und anderen Leuten gegenüber durchaus hilfsbereit sein, lediglich in der Familie kamen diese Seiten eher selten zum Tragen. Auch als Chef pochte er auf seine Macht, behandelte die Angestellten schlecht und bekam bei vielen Gelegenheiten cholerische Anfälle. Karriere und Geld waren ihm wohl zu Kopf gestiegen.

Vilma will wieder arbeiten und findet bald eine Halbtagsstelle als Bewährungshelferin. Nach und nach bessert sich ihr Zustand, sie geht wieder unter Leute und unternimmt mit Ruth Reisen. Als Vilma und Ruth im August 1968 den Urlaub in Frankreich am Atlantik verbringen, erfahren sie vom Einmarsch der Sowjets in die Tschechoslowakei. Vilma fürchtet, dass die Russen auch in Österreich einmarschieren könnten. Besorgt ruft sie Liesl an, die inzwischen wieder in Wien lebt. Obgleich zwar schon lange von der Partei enttäuscht, setzt auch sie, ausgelöst durch den »Prager Frühling«, große Hoffnungen auf einen Sozialismus »mit menschlichem Antlitz«. Der »Prager Frühling« war unter dem Generalsekretär Alexander Dubček im Frühjahr 1968 ein Demokratisierungs- und Reformprogramm. Zunächst steht die ganze

KPÖ aufseiten des »Prager Frühlings« und verurteilt dessen Niederschlagung. Diese Haltung ist jedoch nicht von Dauer und die Partei wird sehr rasch wieder auf Moskauer Linie gebracht. Danach ist für Vilma wie für viele andere auch der Zeitpunkt gekommen, die Konsequenzen zu ziehen und aus der Partei auszutreten, was ihr naturgemäß sehr schwer fällt. Irma Mico, die schon bald nach dem Krieg ausgetreten ist, bringt es im Alter von zweiundneunzig Jahren auf den Punkt: »Aber nochmals, es dauerte sehr lange, bis wir uns vom Kommunismus lösten, entwöhnten, uns umprogrammierten, wie man heute sagen würde, und uns die Perversion dieses Systems klar wurde. Das heißt aber keinesfalls, dass wir unsere Jugendideale aufgaben. Ich fühle mich immer noch als Linke, Ungerechtigkeit regt mich sehr auf, ich verurteile Rassismus und Antisemitismus, aber ich fühle mich nicht mehr als Kommunistin.«[213]

Der Fotograf Herbert Freudenheim trifft ebenfalls Vilmas Einstellung, wenn er im Gespräch mit Peter Stephan Jungk[214] über Edith Tudor-Hart sagt: »Wir wollten den Faschismus besiegen, Edith hat aus edelsten Beweggründen für den Sieg des Kommunismus gekämpft. [...] Die Kommunisten waren doch die Einzigen, die erhobenen Hauptes gegen die Nazischrecken kämpften, die Einzigen, die nicht kuschten. Wir hatten die besten Motive. Und natürlich – man ließ sich leicht verführen. Aber verstehe doch bitte: Es gab keine Alternative. Wir waren die ›génération perdue‹ ...«[215]

Vilmas alte Freundschaften zerbrechen nicht, auch mit den Genossen und Genossinnen, die nicht austreten, bleibt sie befreundet. Die KPÖ verliert jedoch ein Drittel ihrer Mitglieder. Laut Auskunft von Michael Graber hatte die KPÖ vor den Austritten ungefähr dreißigtausend Mitglieder.

Ab Jänner 1973 bis zu ihrer Pensionierung arbeitet Vilma für die Wiener Pensionistenheime. Sie berät ältere Leute, organisiert

Plätze im Pensionistenheim für sie und erledigt alle Formalitäten. 1971 kommt ihr erstes Enkelkind Daniela zur Welt, das das erste Lebensjahr bei Vilma und Ruth verbringt. Liesl kommt täglich, da Vilma noch arbeitet und Ruth studiert. 1973 geht Ruth für ein Jahr nach Frankreich und zieht danach nicht mehr bei Vilma ein. Vilma lebt von da an bis zu ihrem Tod allein.

Mit sechzig Jahren, am 4. August 1979, geht Vilma in Pension. Einen Großteil ihrer Freizeit widmet sie den Enkelkindern, holt die Kinder vom Kindergarten und der Schule ab und übersiedelt 1985 schließlich in den 19. Bezirk in Liesls Nähe, da ihr das Autofahren schon beschwerlich ist. Sie pflegt weiterhin ihre alten Freundschaften aus der kommunistischen Zeit, fährt nach Frankreich, Rumänien und England, um ihre ehemaligen Freundinnen aus dem KZ zu besuchen. Auch geht sie regelmäßig zu den Treffen des KZ-Verbands der Ravensbrückerinnen.

Als Dolly 1983 stirbt, erhält Vilma eine relativ hohe Witwenpension, die sehr viel höher ist, als es die Alimente je waren. Jetzt ist klar, dass Dolly sehr viel verdient haben muss, zumal ihr die Pension nur zur Hälfte zusteht, da die andere Hälfte an seine zweite Frau geht. Vilmas Reaktion darauf ist: »Jetzt muss ich noch lange leben, damit die Fini nicht die ganze Pension kriegt« – zumal Fini ohnedies schon aufgrund ihrer Ostgeschäfte in Geld schwimmt. Vilma empört sich über die ehemaligen Kommunisten, die Fini wegen ihres Reichtums umwerben. »Manche glauben, Reichtum ist eine ansteckende Krankheit«, spottet sie.

Auch wenn sich ihre Nervosität, ihre Ängste, ihre Schlafstörungen nie gelegt haben, führt sie doch in den letzten Lebensjahren bis zu ihrer Erkrankung ein halbwegs ruhiges und beschauliches Leben. Sie kann sich nun auch ein wenig Luxus leisten, kauft ihre Kleider in besseren Boutiquen und gibt ihrer Leidenschaft für Elektrogeräte nach. Gelegentlich ersteht sie etwas im Abverkauf, das sich als Ramsch erweist, was sie dann lachend als »gehackte Mezzie« – einen Flop – bezeichnet.

Ihr letztes Lebensjahr allerdings ist von starken Schmerzen überschattet. Lange wird sie auf Osteoporose behandelt, obwohl es sich um eine Krebserkrankung handelt, die immer weiter fortschreitet. Am 2. September 1989 stirbt sie im Alter von siebzig Jahren.

XII. »Du bist doch nicht in Auschwitz. Wieso weinst du?«

Folgen der KZ-Haft

Elisabeth Brainin, die Vilma interviewt, ist Psychoanalytikerin. Sie interessiert sich deshalb besonders für die psychischen Folgen der KZ-Haft für Vilma und die Auswirkungen der Traumata auf ihre Kinder. Vilma ist mit den Kindern und der Arbeit fürchterlich gestresst und hat kaum Zeit zum Nachdenken. Sie muss um halb sieben in der Früh aus dem Haus gehen und hat bis 16 Uhr Dienst. Es ist eine Arbeit, bei der man überhaupt keine Zeit findet, an sich selbst zu denken. Problematisch sind für sie die Nazis unter ihren Klienten. Zur Interviewerin sagt sie:»Ist dir klar, wie viele Nazis ich betreut habe, ohne es zu wissen? Es hat ja keiner zugegeben und ich habe auch nicht gebohrt, denn sonst hätte ich ja kündigen müssen. Und wenn ich heute so drüber nachdenke, wie habe ich das geschafft?«[216] Sie arbeitete damals im Jugendamt III im 3. Bezirk und war für die Bewohner des Arsenals zuständig, wo viele Sudetendeutsche untergebracht waren. Sie behandelte sie wie »normale« Menschen und sie taten ihr sogar leid. Gegen sie hatte sie keine Rachegefühle, obgleich sie ein Mensch voller Rachegefühle war. »Wenn ich zum Beispiel im Fernsehen einen Kriegsfilm sehe und wenn die Deutschen sterben, glotze ich in die Kiste. Und wenn andere sterben, drehe ich mich um. Das ist so ein Genuss, wenn ein Deutscher stirbt. Das ist so was Schönes! Weißt, in Uniform. Sonst ist es mir wurscht. Das ist für mich echt.«[217] Überhaupt sind Männer in SS-Uniform für Vilma eine obsessive Vorstellung. Immer wenn ein neuer männlicher Kollege kommt und ihr vorgestellt wird, schaut sie ihn an, sieht ihn plötzlich in SS-Uniform und denkt, die würde ihm gut stehen. Ihrer Meinung nach irrt sie sich nie. In jedem der »netten« Kollegen steckt gewiss ein SS-Mann. Aber auch den »guten« SP-Genossen würde die Uniform gut passen. Vilma vergleicht ihre Obsession mit der eines Sexbesessenen, der sich jede Frau sofort nackt vorstellt. Sie meint, dass es viel leichter wäre, in Frankreich oder England weiterzuleben. Natürlich hat es auch dort Nazis gegeben, nie aber französische oder englische SS-Männer. In Frankreich hat es zwar Kollaborateure gegeben, jedoch auch eine große Widerstandsbewegung. In Frankreich müsste sie nicht in jedem einen Nazi sehen. In Österreich geht es so weit, dass sie nicht nur in jedem einen Nazi fürchten muss, sondern dass auch umgekehrt die Österreicher ihr als ehemaligem Auschwitzhäftling mit Misstrauen begegnen. Besonders krass fielen die Diskriminierungen in den ersten Jahren nach dem Krieg aus. Etwa kursierte 1949 ein Flugblatt des VdU – des Verbands der Unabhängigen, der Nachfolgepartei der NSDAP und des Vorläufers der FPÖ – mit folgendem Inhalt: Die jüdische Korruptionsregierung gewähre den sogenannten KZ-lern eine Monatsrente, diese jüdische Stinkrasse von Schiebern und Betrügern führe ein Schlemmerleben, der bodenständige Österreicher aber müsse darben und hungern.[218] Und 1950 sagte zum Beispiel der Nationalratsabgeordnete Stüber, dass Abgeordnete, die im KZ gewesen wären, die wahre Pest seien und ausgerottet werden müssten.[219] 1957 schrieb ein FPÖ-Politiker anlässlich der Aufführung des Stückes *Das Tagebuch der Anne Frank*: »Hätten die Antisemiten solch einen Zulauf gefunden, wenn damals nicht so viele Juden anmaßend und herausfordernd gewesen wären?«[220] Auch gab es bis in die 1960er- und 1970er-Jahre antisemitische Zeitungen,[221] die sich der Diktion des *Völkischen Beobachters*, des Parteiorgans der NSDAP, bedienten. Solche Beispiele lassen sich beliebig fortsetzen. Erschütternd, aber bekannt ist, dass die Nazis überall präsent waren, dass entsprechende Äußerungen bagatellisiert und, wenn überhaupt, nur milde bestraft wurden. Erwähnt sei hier auch die skandalöse Verurteilung des Mörders von Ernst Kirchweger. 1965 erschlug ein neonazistischer Student bei einer Demonstration gegen den an der Universität für Welthandel lehrenden Professor Borodaj-kewycz den KZ-Überlebenden Ernst Kirchweger. Dafür wurde er zu zehn Monaten unbedingter Gefängnisstrafe verurteilt. Durch die Medien ging auch der Fall des Gerichtspsychiaters Heinrich Gross, der Hunderte Kinder im Spital am Spiegelgrund ermordet hatte und nach dem Krieg ungehindert seine Forschungen und seine Karriere auf der während der NS-Zeit entstandenen Gehirnsammlung aufbauen konnte. Heinrich Gross wurde Leiter des eigens für ihn geschaffenen Ludwig-Boltzmann-Instituts zur Erforschung der Missbildungen des Nervensystems und meistbeauftragter Gerichtspsychiater Österreichs. Werner Vogt bezichtigte ihn 1979 der Ermordung Hunderter Kinder. Vor dem Oberlandesgericht Wien konnte ihm die Mitbeteiligung an den »Euthanasie«-Morden nachgewiesen werden. Strafrechtlich konnte er dafür jedoch nicht belangt werden, weil die Staatsanwaltschaft sich jahrelang weigerte, ihn des Mordes anzuklagen, und das Delikt des Totschlags verjährt war.[222]

Vilma verfolgte mit Entsetzen alle diese Ereignisse, über die sie sich maßlos aufregte und die ihr Angst vor einer Wiederholung des Geschehenen einflößten. Sehr früh schon erwähnte sie ihren Kindern gegenüber, dass Gross ein Nazi und ein Mörder war.

Eine Genugtuung sind für Vilma 1961 der Eichmann-Prozess in Jerusalem und von 1963 bis 1965 der Auschwitz-Prozess in Frankfurt, zu dem u. a. die beiden politischen Häftlinge Hermann Langbein und Ella Lingens als Zeugen geladen worden sind. Ausführlich und regelmäßig wird in allen Tageszeitungen über den Eichmann-Prozess berichtet, manchmal auch schon auf der ersten Seite, wenngleich Juri Gagarins Reise ins Weltall und das Treffen zwischen Kennedy und Chruschtschow wesentlich mehr Beachtung finden. Insbesondere betont die kommunistische *Volksstimme* stärker die Gräueltaten als die bürgerliche Presse, die um eine sachliche Wiedergabe des Prozessgeschehens bemüht ist. Ebenso wird auch über den Auschwitz-Prozess berichtet, wenn auch nicht ganz so ausführlich. Auch hier berichtet die *Volksstimme* wiederum ausführlicher und betont antifaschistisch.

Hier sei aber auch noch eine heitere Anekdote eingeschoben: Als Vilma noch im Jugendamt im 3. Bezirk arbeitete und ihren Kollegen und Kolleginnen die »Parteien« zuteilen musste, beschwerte sich ein Mann, weil er so lange warten musste. Vilma erwiderte, dass sie niemanden hinauswerfen könne und er käme schon dran. Wütend beschimpfte er sie daraufhin mit den Worten: »Sie dreckige Nazihur.« Vilma bekam einen Lachkrampf, woraufhin der Mann sie schlagen wollte. Die anwesenden Leute stellten sich dazwischen, er aber wollte ihren Chef sprechen. Vilma führte ihn ins Büro des Chefs. »Der Chef ist dann zu mir gekommen. Der Mann hat gesagt, Sie haben ihn ausgelacht. Darauf habe ich gesagt: ›Aber hat er Ihnen gesagt, warum?‹ ›Nein, hat er nicht‹, hat der Chef gesagt. ›Er hat zu mir dreckige Nazihur gesagt‹, hab' ich gesagt. Darauf der Mann: ›Gut ich entschuldige mich, aber auslachen dürfen Sie mich nicht mehr.‹ ›Wenn Sie dasselbe noch einmal zu mir sagen, werde ich wieder lachen. Das ist für mich nur zum Lachen. Soll ich weinen?‹«[223]

Vilma stellt bei den Essensproblemen der Kinder nie einen Bezug zu ihren KZ-Erfahrungen her. Sie beschäftigt sich auch nie eingehend mit sich selbst. Davon abgesehen, dass sie als berufstätige Frau und Mutter gar keine Zeit dafür hat, spricht sie kaum über die Gräuel, die sie im KZ erlebt hat. Wenn sie über diese Zeit spricht, dann verzerrt sie ihre Erlebnisse ins Groteske und erzählt gerne, wie es ihr gelungen ist, die SS immer wieder hinters Licht zu führen. Ihre Erzählungen erwecken den Eindruck, dass es im KZ lustig zugegangen wäre. Ihre Schilderungen sind Heldentaten darüber, wie sie überlebt hat. Ihr Leid und die Qualen klammert sie tunlichst aus. Vilmas Schilderungen der Gräuel, die sie dabei jeweils ins Komische verzerrt hat, waren für ihre beiden Töchter sehr befremdlich. »So wie wenn's die größte Hetz ihres Lebens gewesen wär'. Man hat manchmal das Gefühl, als wär's lustiger gewesen als zu Hause.«[224] Elisabeth Brainin meint dazu, dass die Verzerrung ins »Lustige« eine Möglichkeit darstellt, darüber zu reden und gleichzeitig die eigenen Gefühle, die man dabei hat, zu verbergen.[225] Vilma war sicher nicht die einzige Auschwitz-Überlebende, die ihre Erlebnisse ins Komische verzerrt hat. Dies zu erforschen, bedürfte einer eigenen Untersuchung.

Trotz der Abwehrmechanismen sind die Schrecken des Lagers ständig präsent, bei Tag und bei Nacht. Zum Beispiel kommt Vilma oft an einem Waffengeschäft mit einem grünen Schild mit gotischer Schrift vorbei, das sie sofort an die Waffen-SS erinnert. Obgleich sie sich Mühe gibt, das Geschäft mit dem Schild zu ignorieren, kann sie die Gedanken nicht abwehren. Nachts plagen sie regelmäßig Albträume. Immer wieder träumt sie, dass ihre Kinder und Enkelkinder ins Gas geschickt werden, sie diese retten will, aber nicht kann. Jedes Mal wacht sie aus solchen Träumen auf und resümiert: »Wenn ich sie nur einmal hätte retten können! Was Gutes gibt's im Traum nicht.«[226]

Aber nicht nur in ihren emotionalen Reaktionen ist das Lager ständig präsent, es wird auch mit Freunden, die sie aus dem KZ kennt, ständig über das Lager gesprochen. Mit diesen verbindet sie ein Zusammengehörigkeitsgefühl, das sie mit sonst niemandem teilen kann.

Erst fünfunddreißig Jahre nach der Befreiung, bei der Geburt von Vilmas zweitem Enkelkind Anna, wirkt sich das traumatische Erlebnis im Krankenrevier mit dem winselnden und sterbenden Baby[227] dramatisch aus. Anna weint sehr viel und Vilma hat immer das Baby von Auschwitz vor Augen. Sie spricht Anna das Recht auf »Plärren« ab und lehnt das Kind ab: »Das Kind ist jetzt schon über ein Jahr und es plärrt ununterbrochen. Es wird hoffentlich bald aufhören. Seit dem Kind denke ich mir was dabei.«[228] Sie kann das Kind nicht ertragen und sagt ihm: »›Wieso plärrst du? Dir tut doch niemand etwas. Du bist doch nicht in Auschwitz. Warum weinst du?‹ Ich habe alle Zustände gekriegt, wenn das Kind zu plärren begonnen hat. Es ist mir noch nie ein Kinderge-schrei so durch Mark und Bein gegangen. Ich war total fertig. Ich hab' geglaubt, ich geh' ein. Dieses Raunzen hat mich so erschüttert. Ich kann dir nicht sagen, wie einem da zumute ist, wenn man beim Zersägen eines Knochens zuschauen muss. So muss das ungefähr sein.«[229] Judith Lewis Herman schreibt in ihrem Buch *Die Narben der Gewalt*: »Spezifische, mit dem Trauma in Zusammenhang stehende Symptome schwächen sich zwar offenbar im Lauf der Zeit ab, können aber selbst noch Jahre nach dem Ereignis erneut auftreten, wenn das Opfer an das ursprüngliche Trauma erinnert wird.«[230] Vilma meint im Interview, dass Anna ihre Ablehnung gespürt und auch ihre Tochter Liesl bemerkt hätte, dass das für Vilma zu viel gewesen sei. Sie gab das Kind daraufhin der anderen Großmutter. »Sie verzärtelt es so. Das schadet dem Kind nicht, zumindest bis zu einem Jahr. Später kann man ihr Anna nicht mehr geben, denn dann verblödet's.«[231] Auch das neun Jahre ältere Enkelkind Daniela bemerkte Vilmas Ablehnung und sagte zu ihr: »›Du magst das Baby nicht.‹ Ich glaube nicht, dass ich mir das habe anmerken lassen. Es stimmt auch nicht, dass ich es nicht mögen habe. Ich wollte es nur nicht hier haben. Ich hab's mit dem Kind nicht ausgehalten.«[232]

Besonders die Ermordung von Kindern im KZ hinterlässt bei den Überlebenden extrem traumatische Spuren. Irma Trksak konnte mit Kindern oder Halbwüchsigen überhaupt nicht über ihre Erlebnisse sprechen. Sofort schnürten ihr die Erinnerungen die Kehle zu. »So viele Kinder haben sie umgebracht. Bei der Geburt, nach der Geburt an die Wand gehaut, erstickt.«[233]

Ähnliche Beispiele schildert auch Langbein: »Auch Orli Reichert-Wald mied nach der Befreiung den Anblick von Kindern. Als Lagerälteste im Krankenbau hatte sie allzu oft mitansehen müssen, wie Babys und Kleinkinder von Sanitätern der SS mit Giftinjektionen getötet wurden. [...] Obwohl Orli in Auschwitz vom Schicksal eines ›Muselmanns‹ bewahrt blieb und nach der Befreiung in geordnete Verhältnisse zurückfand, war ihr Nervensystem zerstört.«[234] »Dounia Ourisson-Wasserstrom hat in Auschwitz mitansehen müssen, wie der SS Oberscharführer Wilhelm Boger ein kleines Kind an den Beinen nahm und es tötete, indem er dessen Kopf an die Wand schlug. Sie musste die Blutspuren abwaschen. ›Ich kann seitdem keine Kinder sehen, sonst muss ich weinen‹, sagt Wasserstrom. Als sie nach der Befreiung in die Hoffnung kam, ließ sie sich die Frucht nehmen.«[235]

Bemerkenswerterweise hat sich das traumatische Erlebnis mit dem sterbenden Baby in Auschwitz auf Vilmas Umgang mit ihren eigenen Kindern nicht so gravierend ausgewirkt. Vilma ist schon verzweifelt gewesen, wenn ihre Kinder geweint haben, hat aber nicht so intensiv an das winselnde Baby gedacht, wie es dann später bei Anna nach so langer Zeit der Fall war. Jedoch auch ihren eigenen Kindern hat sie das Recht abgesprochen, scheinbar grundlos zu weinen. Auch damals ist es ihr offenbar schwergefallen, Kinderweinen zu ertragen, sie hat sich damals jedoch oft einen Grund zurechtgelegt, weshalb das Kind geweint hat.

Im Sommer 1957, während ihre Kinder im Ferienlager waren, entschloss sich Vilma, die tätowierte Häftlingsnummer wegoperieren zu lassen. Den Entschluss hatte sie schon lange gefasst. Im Jugendamt, wo sie arbeitete, saßen die Parteien links von ihr, »sodass jeder auf meine Nummer geglurt hat«.[236] Manchmal fragte sie auch jemand, was das für eine Nummer sei. Das ging ihr schließlich so auf die Nerven, dass sie einen Chirurgen aufsuchte, der ihr die Nummer herausschnitt. Für Vilma war ihren Erfahrungen in Auschwitz nach jeder Arzt ein Mörder. Sie ging daher auch nie zu einem Arzt, wollte sich nie behandeln lassen und nahm nicht einmal Aspirin, und das, obwohl sie sich natürlich durchaus bewusst darüber war, dass damals junge Ärzte mit Sicherheit nicht bei der SS hatten sein können. Prinzipiell traute sie nur jüdischen Ärzten, von denen es kaum welche gab. Extrem verhielt sie sich, als sie einmal während eines Urlaubs ein Kehlkopfabszess hatte, an dem sie fast erstickt wäre. Ihr Mann konnte sie nur mit sanfter Gewalt regelrecht zu einem Arzt schleppen. Sie sträubte sich dagegen, freiwillig zu gehen, und trat im Stiegenhaus auf Dolly ein, der sie gegen ihren Willen die Treppen zu der Ordination hinaufschob. Liesl erinnert sich daran, dass Vilma einmal ohnmächtig wurde und ins Spital gebracht werden musste. Vilma beschimpfte die Ärzte dort als Nazis und fragte einen von ihnen, ob er seine Ausbildung im Konzentrationslager gemacht hätte.[237] Liesl schämte sich für ihre Mutter und fand ihr Verhalten peinlich. Im Normalfall beschimpfte sie niemanden als Nazi. Möglicherweise war es für Vilma eine Ausnahmesituation und sie war einfach verwirrt, als sie aus der Ohnmacht erwachte und möglicherweise nicht wusste, wo genau sie sich gerade befand. Sie sagte zwar immer, was sie sich dachte, aber dass sie jemanden als Nazi beschimpfte, kam normalerweise nicht vor. Als sie 1957 die Tätowierung aus Auschwitz operativ entfernen lassen wollte, benötigte sie dazu die Bewilligung des Chefarztes ihrer Krankenversicherung. Der Chefarzt meinte, die Nummer sei doch keine Schande. Worauf Vilma erwiderte:»›Eine Schande ist es nicht, aber sagen Sie mir, wozu ich sie brauche, dann behalte ich sie.‹ Hat er gesagt ›Das ist ein Argument‹ und hat unterschrieben.«[238]

Elisabeth Brainin fragt Vilma im Interview, ob ihre Töchter wissen wollten, was es mit der tätowierten Nummer auf sich hätte. Vilma kann sich nicht mehr genau erinnern, meint aber, sicher zu sein, dass die Kinder darüber Bescheid gewusst hätten. Natürlich hätte Vilma den Kindern erzählt, dass sie im Lager gewesen wäre, und auch die Kinder hätten immer wieder Fragen über das Lager gestellt. Es sei viel darüber geredet worden, zumal die meisten Freunde, die zu Besuch kamen, auch in Lagern gewesen waren. Mit den Lagerhäftlingen von Auschwitz hätte sie dieselbe Sprache gesprochen, mit anderen hätte es oft Verständigungsschwierigkeiten gegeben.

Des Weiteren will die Psychoanalytikerin wissen, ob sich Vilmas Lagererlebnisse auf ihre Kinder ausgewirkt hätten, ob sie etwas übernommen hätten und wie sich das ausdrücken würde. Vilma meint, dass die Kinder sicher belastet, dass andere Kinder bestimmt glücklicher gewesen seien, auch wenn es ihnen nicht immer bewusst gewesen sei. Hätte sie den Kindern nichts erzählt, wäre es noch schlimmer gewesen. Ein Bekannter hätte ihr zum Beispiel von einem jungen Mann, groß, blond und blauäugig, erzählt, der während der Zeit des Austrofaschismus bei den illegalen Nazis gewesen war. Nach dem Anschluss hätte er zur SS gehen wollen, wäre aber nicht genommen worden, weil er ein »Mischling« war, was er damals erst erfuhr. Daraufhin hätte er sich umgebracht. Vilma empört sich darüber.»Wie kann man das einem Kind verheimlichen?«[239]

Vilma ist überzeugt, dass ihre Töchter auch in der Schule Schwierigkeiten hatten, dass sie sich anders gefühlt hätten und sich dies auch auf ihren Freundeskreis ausgewirkt hätte. Einerseits war es selbstverständlich, dass die Kinder immer Freunde mit nach Hause brachten, sie hatten sozusagen ein offenes Haus. Umgekehrt wurden sie ganz selten zu anderen Kindern eingeladen. Sie rissen sich aber auch nicht darum, »fremde« Kinder aus einem völlig anderen Milieu zu besuchen. Es war auch nicht immer ganz klar, was die »Fremden« über die Familie Steindling wussten. »Ich denke, für die waren wir einfach Juden. Mehr braucht man nicht.«[240]

Als Erwachsene brachten weder Liesl noch Ruth jüdische oder kommunistische Partner nach Hause, was Vilma prinzipiell nicht störte. Nur über Liesls damaligen Mann regte sie sich sehr auf. Er kam sonntags in einem schwarzen, langen Ledermantel und schwarzen Stiefeln zu Besuch, was Vilma an SS-Männer erinnerte und schrecklich aufregte. Wiederholtes Bitten, in dieser Kluft nicht mehr zu erscheinen, ignorierte er hartnäckig.

Ein Problem war auch die Konfessionslosigkeit. »Meine Kinder haben ka Religion, aber jeder weiß, dass man a Jud ist, wenn man keine Religion hat. ›Wenn ma ka Religion hat, ist man a jüdischer Kommunist‹, hat der Direktor des Gymnasiums Zirkusgasse immer gesagt. Der war kein Antisemit. Der war sehr anständig. Bei dem hat sich kein Nazi gehalten.«[241] Vilma hatte überhaupt eine große Abneigung gegen alle Religionen. Sie hetzte auch gegen die Kirche, weil diese immer schon antisemitisch gewesen sei, während des Krieges zur Vernichtung der Juden geschwiegen und nach dem Krieg den Nazis zur Flucht nach Südamerika verholfen hätte.

Beide Töchter haben sehr unter ihrem »Anderssein« gelitten, wie sie im Interview mit Elisabeth Brainin betonen.[242] Bewusst sei ihnen das in der Volksschule geworden, als die anderen Kinder gebetet hätten und sie überhaupt nicht gewusst hätten, was das bedeutete. Auf diese Problematik wird später noch detaillierter eingegangen.

Angesprochen auf die »anderen«, die nicht zum eigenen Milieu gehören, erzählt Vilma im Interview, dass ihr Menschen oft fremd seien. Selbst gute Freunde empfände sie manchmal als fremd – auch wenn sie ihr nahestünden. Zeitweise könne sie einfach zu niemandem gehen. Sie könne auch die Diskussionen, bei denen nur um den Brei herumgeredet würde, nicht aushalten, obwohl ohnehin alle einer Meinung seien. Es ging bei den Diskussionen unter anderem darum, dass die Menschen nach diesem schrecklichen Krieg nicht reifer geworden seien. Auf der ganzen Welt gebe es immer noch so viele Waffen. Solange diese nicht zerstört würden und das Wettrüsten weiterginge, erübrige sich jede Diskussion. Außerdem könne sie nicht so lange bei Leuten sitzen. Immer noch werde sie nach einer bestimmten Zeit ganz kribbelig. Sie fühle sich wie eine Gefangene, weil sie aus Rücksicht auf die Gastgeber nicht als Erste weggehen wolle. Sie wolle vermeiden, dass die Gastgeber ihretwegen hinuntergehen und das Haustor aufsperren müssten. Da es damals in Wien noch keine Gegensprechanlagen gab, war das Haustor tagsüber offen und wurde vom Hausmeister um 21 Uhr zugesperrt. Hatte Vilma Gäste, die lange bei ihr saßen, ließ sie sich nichts anmerken, obwohl es sie krank machte.

Auch fällt es Vilma schwer, in Geschäften einzukaufen, wenn dort viele Leute sind und Gedränge herrscht. Seit sie in Pension ist, kann sie sich aussuchen, wann sie einkaufen geht. Sie geht einfach zu einer Uhrzeit, zu der wenige Leute einkaufen gehen. Früher musste sie sich notgedrungen dazu überwinden, auch zu frequentierten Zeiten ein Geschäft zu betreten, da sie ja »was zum Fressen« brauchte. Verhungern wollte sie nicht. Selbst in einer Boutique, wo sie Stammkundin ist, kann sie kaum Kleidungsstücke probieren. Sobald sie die Umkleidekabine betritt, wird ihr plötzlich schlecht. »Ich kann nicht und sag', ich komm' ein anderes Mal. Ich kann da nicht drin sein.«[243] Die Kabine ist ihr zu eng, immer riecht es für sie nach Schweiß, und das kann sie nicht ertragen.

Ein anderes Problem für sie ist es, mit der Straßenbahn zu fahren. Auch da ist es ihr zu eng und es riecht nach Schweiß. Ebenso fällt es ihr sehr schwer, eine Straße zu überqueren, insbesondere eine mit Schienen. Sobald sie Schienen sieht, ist sie wie gelähmt. Erst seit sie selbst Auto fährt, ist es ihr problemlos möglich. Wenn ihr ganz »mies« ist, kann sie überhaupt nicht aus dem Haus gehen. Auch Mali Fritz schreibt: »Viele Jahre danach war ich oft genug in panischem Schrecken, wenn ich nicht schnell genug laufen konnte: Etwa um eine Straße zu überqueren, dem Autoverkehr zuvorzukommen, an den ich mich wieder gewöhnen musste. Ich rannte hinüber, als wär's eine Selektion.«[244]

Vilmas psychische Labilität ist sicher nicht nur auf ihre Lagerhaft zurückzuführen, sondern auch auf ihre schwere Kindheit, die sie anfangs mit ihrem kranken Vater und ihrer kranken Mutter verbracht hat, bis sie schließlich ins Waisenhaus gekommen ist. Ihre Verschlossenheit, ihre Unfähigkeit, über Gefühle zu sprechen, sind wohl auch auf ihre Kindheitstraumata zurückzuführen.

Nicht nur die Lagerhaft, sondern auch die Zeit nach der Befreiung war traumatisch. Sie war eigentlich »nur eine große Enttäuschung«. Wer meint, die Befreiung sei ein »großer Juchaza«[245], irrt. Obwohl für Vilma die Befreiung mit dem anschließenden Aufenthalt in Schweden eine angenehme Erfahrung war, war danach »draußen alles kalt. Ich habe ja niemanden mehr vorgefunden. Ich habe ja zu niemandem mehr gehört. Du kannst ja das Leben nicht wieder dort aufnehmen nach so langer Zeit, wo es aufgehört hat. Manche haben Glück und haben noch irgendwelche Verwandte gehabt. Ich glaube, das wäre für mich schon eine Hilfe gewesen.«[246] Vilma hatte nur ihre Tante Fanny. »Die war mir eine Hilfe, aber kein Trost. Hilfe, dass sie mir auf die Kinder geschaut hat, zum Teil. Dass, wenn ich was gebraucht hab', dass sie da war. Aber a richtige Hilfe? Mit ihr konnte ich doch niemals ein vernünftiges Gespräch führen. Sie war eine Seele von einem Menschen. Es war jeder begeistert von ihr, aber ich habe keine Nerven für sie gehabt, nie.«[247]

Vilmas Töchter Ruth und Elisabeth erinnern sich an zahlreiche auffällige Verhaltensweisen der Mutter, die möglicherweise auf ihre KZ-Traumata zurückzuführen sind. Sie war nervös, war Kettenraucherin, sehr ungeduldig, sehr ängstlich, hielt es nirgendwo lange aus und lachte trotzdem viel, auch wenn die Situation eigentlich nicht lustig war und ihr nicht zum Lachen zumute war. Ihr Mann Dolly sagte immer, sie sei eine Nihilistin, wobei er ihre allgemeine negative Einstellung meinte. Sie war ein »Katastrophenmensch«. Sie vermutete immer das Böseste, wenn ein Kind nur fünf Minuten zu spät nach Hause kam. Die Kinder mussten ununterbrochen anrufen, wenn sie unterwegs oder im Ausland waren, damit sie wusste, dass sie noch lebten. Anderenfalls war sie total verzweifelt und machte den Kindern Vorwürfe.[248] Nachvollziehbar waren hingegen ihre Ängste, in Österreich zu leben, wo jeder ungestraft antisemitische Naziparolen äußern konnte. Bis heute bestehen in Österreich keine Hemmungen, sich antisemitisch zu äußern.

In den ersten Jahren nach dem Krieg äußert sich ihre Nervosität im täglichen Erbrechen nach dem Frühstück auf der Straße. Kaum geht sie mit den Kindern aus dem Haus, sagt sie:»Geht's voraus! Ich muss brechen.«

Auch leidet sie unter Schlafstörungen, fürchtet sich vor dem Einschlafen, da die Albträume aus dem Lager Nacht für Nacht wiederkehren, und sie schreit häufig in der Nacht. Ohne Valium kann sie überhaupt nicht schlafen und sie sagt immer wieder: »Schlafen tut weh.« Die Gefahr eines Selbstmords liegt immer drohend in der Luft. Stehende Wendung ist, dass sie sich umbringen würde, falls es noch einmal zu einer nationalsozialistischen Diktatur kommen sollte. Ein zweites Mal würde sie das sicher nicht mehr mitmachen.

Die Präsenz ihrer Erlebnisse äußert sich auch in der immer wiederkehrenden Wendung:»Ich verfress' mein ganzes Geld. Was ich im Magen hab', kann mir keiner mehr wegnehmen.« Sie saß sozusagen immer auf gepackten Koffern und wollte nichts besitzen, vor allem keine Eigentumswohnung.

Eine andere Eigenheit, die auf die Lagererlebnisse zurückzuführen ist, ist eine übertriebene Sauberkeit. Am meisten litt Vilma im Lager unter der Unmöglichkeit, sich waschen und die Kleidung wechseln zu können. Nur wenn es schneite, konnte sie sich mit Schnee waschen, Seife gab es allerdings nie. Als Reaktion darauf badet Vilma nun täglich und tyrannisiert ihre Kinder mit ihrem Sauberkeitsfimmel. Untersuchungen haben ergeben, dass die Häftlinge jeweils unter sehr unterschiedlichen Bedingungen besonders litten: Manchen setzte der Hunger am meisten zu, manche litten hauptsächlich unter der ständigen Todesangst, wieder andere vor allem unter der körperlichen Misshandlung oder der schweren Arbeit, viele eben auch unter den katastrophalen hygienischen Bedingungen.[249]

Auch wenn Vilma sagt, dass sie unter dem wahnsinnig machenden Hunger weniger gelitten hätte als unter den mangelhaften hygienischen Verhältnissen, reagierte sie in den ersten Jahren nach der Befreiung mit ununterbrochenem Essen. Ganz besonders zeigte sich kurz nach der Befreiung in Schweden das Bedürfnis, ständig zu essen. Sie konnte dort essen, so viel sie wollte, und nahm innerhalb von sechs Wochen zehn Kilo zu. Schließlich stieg sie nicht mehr auf die Waage, weil sie nicht aufhören wollte zu essen. Noch in der ersten Zeit in Wien hatte sie immer Angst, dass »man ihr am folgenden Tag nichts mehr gibt«,[250] obwohl sie sich schon selbst versorgen konnte. Noch im

Jahr des Interviews mit Elisabeth Brainin hat sie manchmal das Gefühl, nicht satt werden zu können: »Ich kann das Dreifache von jemand anderem essen und weiß nicht, dass ich gegessen habe. Ich bin dann nicht satt. Erst bis mir schlecht ist. Mir wird nicht so leicht schlecht, leider.« Wie arg die Entbehrungen im Lager waren, beschreibt Primo Levi: »Aber wer könnte sich vorstellen, einmal keinen Hunger zu haben? Das Lager ist der Hunger. Wir selber sind der Hunger. Der lebende Hunger.«[251] »Man hört das Atmen und Schnarchen der Schläfer, manche wimmern und reden. Viele schmatzen und bewegen ihre Kiefer. Sie träumen, dass sie essen: Auch das ist ein kollektiver Traum. Ein erbarmungsloser Traum, und wer die Tantalos-Sage geschaffen hat, musste ihn kennen.«[252]

Interessanterweise isst Vilma durchaus gerne Suppe, obgleich sie sich im Lager geschworen hat, niemals mehr Suppe zu essen. Auch kann sie im Gegensatz zu anderen Opfern Brot oder übrig gebliebenes Essen wegschmeißen und zwingt auch ihre Kinder nie dazu, alles aufzuessen. Andererseits kocht sie immer zu viel, besonders wenn Gäste kommen, biegt sich der Tisch.[253]

Trotz ihres schweren Schicksals und ihrer Traumata bewahrte sie sich Witz und Humor, was sich in zahlreichen jiddischen Ausdrücken und Redewendungen äußerte, von denen hier einige angeführt seien: »Großer Gott, jüdische Abteilung!« war einer ihrer Lieblingssprüche. Oder »Es wotschert mir in die Kishkes« (»Es blubbert im Darm«), »Geh kacken im Jam!« (Jam ist Hebräisch für Meer), »So ein mieses Ponem« (Ponem heißt auf Jiddisch Gesicht), »Ich hab' nebbich ka Kojach« (Kojach heißt auf Jiddisch Kraft), »Das brauch ich wie a Toter Beinkes (Das ist unnötig wie ein Kropf), »Da schaut's aus wie bei der Rebbetzin im Bett« (Es ist sehr unordentlich), »A Tamenju mit Lokschn« (Eine sehr ungeschickte Person).

Im Jahr 1975, dreißig Jahre nach der Befreiung von Auschwitz, fährt Vilma das erste Mal nach dem Krieg mit dem österreichischen KZ-Verband ins ehemalige Lager. Wie alle ehemaligen Häftlinge hat auch Vilma vor diesem Besuch große Angst, überspielt sie aber, indem sie während der Fahrt und des Aufenthalts ununterbrochen redet. Auf die Frage der Interviewerin, ob sich für sie dadurch etwas verändert habe, antwortet sie »Nein«. Die Zeit habe sehr wohl etwas für sie verändert, aber nicht der Besuch in Auschwitz. Vilma ist offensichtlich schockiert über die Gedenkstätte und fragt sich, weshalb die Polen diese so pflegten. Für sie ist das ein klarer Hinweis dafür, dass die Polen das Lager eines Tages wiederverwenden wollen. Ihr Ressentiment gegen die Polen ist nach wie vor enorm. Nicht nur, dass sie im Lager mit dem polnischen Antisemitismus konfrontiert worden ist, ist sie überzeugt davon, dass der Antisemitismus in Polen weiterhin sehr präsent ist. Den damals noch aufgrund der kommunistischen Regierung sehr bedürftigen Polen hätte sie höchstens ihre Kleidung, die sie gerade am Leibe trug, geschenkt, mehr aber schon nicht.

Im Jahr 1978 fährt sie mit dem KZ-Verband zur Eröffnung des Österreichpavillons ein zweites und letztes Mal nach Auschwitz. Die 1978 eröffnete Österreich-Ausstellung stellte Österreich nur als Opfer des Nationalsozialismus dar. Im Jahre 2005 wurde eine Initiative »Neugestaltung der Österreichischen Gedenkstätte im Staatlichen Museum Auschwitz-Birkenau« gebildet, die es sich zur Aufgabe gemacht hat, die österreichische Nationalausstellung grundlegend zu überarbeiten. Am 15. November 2005 wurde die ursprüngliche Eingangsplakette, die Österreich als »erstes Opfer des Nationalsozialismus« darstellte, durch ein neues Banner ersetzt, das darauf hinweist, dass diese Darstellung nicht mehr dem Geschichtsbild des heutigen Österreich entspricht.[254] Die Österreich-Ausstellung wurde im Oktober 2013 geschlossen und sollte 2015 zur 70-Jahrfeier der Befreiung von Auschwitz neu eröffnet werden, ist aber bis heute nicht wiedereröffnet worden.

Auch Ravensbrück besucht Vilma mehrmals mit dem KZ-Verband, obwohl sie gegen die DDR eine noch größere Abneigung empfindet als gegen Polen, zumal auch jeder Schritt und jedes Gespräch überwacht werden. »Des is ja no angschissener als des Polen.«[255]

Selbstverständlich rufen die Auschwitzbesuche alte Ängste hervor. Insbesondere flößt Vilma die Größe des Lagers Angst ein und sie fürchtet bei jedem Besuch, den Ausgang nicht mehr finden zu können. Im Interview spricht sie auch davon, dass die Besuche in Auschwitz und Ravensbrück für sie wie Friedhofsbesuche gewesen seien, wobei anzumerken ist, dass sie in Wien nie auf den Friedhof gegangen ist. Der riesige Friedhof Auschwitz löste in ihr eine unermessliche Trauer aus.

Auch bei ihren Besuchen in Paris hatte sie das Gefühl, einen Friedhof zu besuchen: »Ich geh', wenn ich in Paris bin, durch die Gassen, wo die Leute alle waren. Ich muss dorthin gehen, wo alle gelebt haben, und ich hab' das Gefühl, ich bin am Friedhof. Aber ich muss hingehen. Ich geh' sonst auf keine Friedhöfe.«[256] Fast alle, mit denen sie in Paris zusammenlebte, kämpfte und befreundet war, waren tot. »Ich bin die Einzige, die lebt«,[257] sagt sie im Interview mit Elisabeth Brainin. Vilma denkt offenbar an die Wohngemeinschaft in der Rue Bergère, in der sie in Paris gewohnt hat. Von den ehemaligen Mitbewohnern sind bis auf Adi, der auch nach Auschwitz deportiert worden ist, alle in Frankreich ums Leben gekommen.

In diesem Zusammenhang spricht Vilma auch von ihren Schuldgefühlen, überlebt zu haben. Obwohl sie um ihr Leben gekämpft hat, fragt sie sich, nachdem sie das Ausmaß erfasst hat, wieso gerade sie überlebt hat, während viele andere gehen mussten, die ihrer Meinung nach doch viel bessere Menschen waren als sie. Deshalb hat sie oft das Gefühl, keine Existenzberechtigung zu haben. Selbstverständlich ist ihr immer bewusst, dass sie letztlich nur mithilfe der politischen Organisation im Lager überleben hat können. Keiner, der überlebte, hatte es nur sich selbst zu verdanken. »Sehr oft waren es unauffällige Hilfeleistungen, die man leicht übersehen, vergessen könnte. In jener Zeit war wirklich menschliches Verhalten gleich Widerstand.«[258] Es ist auch anzunehmen, dass sie ganz besonders die Tatsache, dass sie dreimal von der Liste gestrichen worden ist, belastet hat. Jeder, der von der Liste gestrichen worden ist, musste durch einen anderen ersetzt werden, wenngleich es im Allgemeinen schwerkranke Häftlinge waren, die keine Überlebenschance hatten. Als Vilma einmal auf der Liste stand, sagte eine schwer Tuberkulosekranke zu ihr: »Ich geh' statt dir ins Gas. Ich bin todkrank und du bist jung und gesund. Du sollst leben!«[259] Dies erzählte Vilma nach dem Krieg ihrer Freundin Lilly Göll mit den Worten: »Ich hab' ein geschenktes Leben.« Für Vilma war dies ihr ganzes Leben lang eine schwere Last.

Abschließend fragt Elisabeth Brainin Vilma im Interview, ob sie nicht einmal in Begleitung ihrer Kinder nach Auschwitz würde fahren wollen. Nein, lautet Vilmas Antwort, aber sie hätte es gerne gesehen, wenn ihre Töchter sie die ersten beiden Male begleitet hätten, obgleich sie sich nicht mehr daran erinnern könne, ob sie ihre Töchter überhaupt je danach gefragt hätten. Sie meint, dass ihr die Kinder eine Stütze gewesen wären, zumal sie ihnen auch sehr viel erzählt hätte. Auch hätten die Kinder keineswegs an der Wahrheit ihrer Erzählungen gezweifelt. Andererseits wäre es durchaus möglich gewesen, dass sie »einen Anfall gekriegt hätte«, wenn sie mit ihren Kindern durch das Lagertor gegangen wäre.

XIII. Kinder und Enkelkinder
Auswirkungen von Vilmas Traumata

Vilmas Schicksal in der Résistance, in Auschwitz und in Ravensbrück war für ihre Kinder sehr präsent. Nicht nur, dass die Mutter den Kindern davon erzählt hatte, es wurde auch mit den Bekannten ständig darüber gesprochen und die Kinder wurden zu Mithörern, ob sie nun wollten oder nicht. Für die Kinder war das eine schwere Belastung und sie waren eindeutig damit überfordert.

In diesem Kapitel beziehen wir uns hauptsächlich auf zwei Interviews, die Elisabeth Brainin im Jahr 1981 führte. Eines mit Ruth, die zum damaligen Zeitpunkt einunddreißig Jahre alt war, das andere mit Liesl, die vierunddreißig Jahre alt war.

1. Ruth

Ruth hat Romanistik, Französisch und Italienisch studiert und als Deutschlektorin an den Universitäten von Brest und Mailand gearbeitet. Danach war sie als freie Übersetzerin in Wien tätig und hat schließlich bis zu ihrer Pensionierung im Gymnasium Haizingergasse unterrichtet. Zur Zeit des Interviews ist sie unverheiratet und hat keine Kinder. Als sie vierunddreißig Jahre alt ist, wird ihr erster Sohn, Boris, geboren, mit neununddreißig Jahren bekommt sie ihren zweiten Sohn, Nicolas.

Als Ruths Vater die Familie verlässt, ist sie fünfzehn Jahre alt und sie bleibt von da an mit der Mutter alleine. Die Schwester Liesl lebt zu der Zeit in England. Während der Oberstufe des Gymnasiums verliert Ruth durch den Umzug in den 22. Bezirk den Kontakt zu den meisten Freunden. Es entsteht nicht nur durch die weite Entfernung eine Vereinsamung, sondern es sind ihr auch die Kinder aus dem katholisch-bürgerlichen Milieu, das in der Schule im 8. Bezirk vorherrscht, fremd. Während des Studiums sucht sie ihre Freunde unter den fortschrittlicheren Kommilitonen und Kommilitoninnen aus, ist aber weder beim kommunistischen noch beim sozialistischen Studentenverband und wendet sich auch nicht jüdischen Organisationen zu, wie es einige ehemalige jüdische Kommunistenkinder tun. Obwohl sie sich nicht der Studentenbewegung Ende der Sechzigerjahre anschließt, marschieren sie und ihre Schwester Liesl auf Demonstrationen gegen Borodajkewycz, den Vietnamkrieg und Nixon mit. Ebenso nehmen sie mehrfach am Ostermarsch teil, einer von der Friedensbewegung initiierten pazifistischen Demonstration.

Als einziges Bekenntnis zu ihrem »Jüdischsein« trägt sie in der Oberstufe und zu Beginn des Studiums den Davidstern, den sie bei einem Besuch in Israel geschenkt bekommen hat. Auch wählt sie ihre Männerbeziehungen nicht aus dem Milieu ihrer Familie aus. Es ist ihr nicht wichtig, ob der Partner Jude ist oder nicht. Somit führt sie also die »Familientradition« nicht weiter fort und emanzipiert sich in gewisser Weise. Ihre erste Beziehung ist die zu einem Deutschen, dessen Eltern wahrscheinlich Nazis waren. Vilma kommentierte das folgendermaßen: »Du weißt schon, dass das Rassenschande ist.« Sie war aber tolerant genug, um den jungen Mann, der in München studierte, jedes Wochenende zu dulden und zu bekochen. Ruth selbst äußert sich im Interview mit Elisabeth Brainin zu ihrem Umgang folgendermaßen: »Vielleicht habe ich ganz bewusst immer ein anderes Milieu gewählt. Es waren nie Juden und es war nie jemand aus dem gleichen Milieu. Niemand aus dem Bekanntenkreis. Ich nehme schon an, dass das eine bewusste Auswahl war, um mich abzugrenzen.«[260] Ruth betont im Interview auch, dass sie sich insbesondere in Österreich kaum je als Jüdin geoutet und auch das Schicksal der Mutter verschwiegen hätte. Sie hätte Angst vor Beschimpfungen gehabt und geglaubt, sich nicht verteidigen zu können, im Falle, dass sie jemand angegriffen hätte. So hätte sie lieber geschwiegen, als sich beleidigen zu lassen. Sie hätte auch mit niemandem darüber reden wollen, weil bei den »anderen« ohnehin das Verständnis fehlte.

Ruth hat schwarzes Haar, dunkle Augen und einen dunklen Teint und wird deshalb nach wie vor oft gefragt, woher sie komme. Schon als junge Frau sei sie »geständig« gewesen, wie sie sich im Interview ausdrückt, und hätte immer geantwortet, dass sie Jüdin sei, aber »dass sie deshalb so aussieht«, hätte sie nicht gesagt. Brainin geht darauf ein und es entwickelt sich folgende Diskussion:»Aber glaubst du nicht, dass dieses Gefühl von Scham oder Schande, dass es etwas Spezifisches zu tun hat mit dem KZ? Mit den KZ-Erlebnissen deiner Mutter? Als Kind, wenn man so etwas hört: Gefängnis, KZ und alle diese Geschichten. Wer kommt ins Gefängnis? Wem passiert so etwas? So wie man das erfährt als Kind, ist es so wie eine gerechte Strafe für irgendwas.« Darauf Ruth:»So habe ich das nie gesehen. Im Gegenteil: Es ist ja immer als Heldentat geschildert worden. Dass man politisch etwas Richtiges getan hat und dazu, zu allem Überdruss, noch Jude war. Es ist mir kein Bedürfnis, es an die große Glocke zu hängen. Ich exponiere mich nicht gerne. Ich bin schüchtern und wenn ich überhaupt nicht sicher bin, wie jemand reagiert, dann habe ich Angst. Wenn ich direkt gefragt werde, sage ich es. Ich lüge nicht. Wenn es sich nicht aus dem Gespräch ergibt, sage ich nichts.«[261]

Ruth fühlt sich immer schon als Außenseiterin, nicht nur wegen ihrer Konfessionslosigkeit, sondern eben auch weil sie Jüdin ist, womit sie bewusst erst in der Volksschule konfrontiert wird. In der Unterstufe des Gymnasiums fallen dann Bemerkungen wie: »Du hast so eine jüdische Nase« oder »Du hast so einen jüdischen Namen« und »Bist du Jüdin?« Ruth ist verschreckt, schämt sich und weiß nicht, wie sie reagieren soll. Die Reaktion darauf ist ein Rückzug in die Defensive.[262] Die Eltern haben es verabsäumt, ihre beiden Kinder darüber aufzuklären, dass sie Jüdinnen und konfessionslos seien. Dies erfährt Ruth erst in der ersten Volksschulklasse, als sie ihre Mutter fragt, was die Kinder zu Unterrichtsbeginn denn da mit gefalteten Händen murmeln würden. Auch weiß sie nicht, dass es ein sogenanntes jüdisches »Ponem« gibt und dass Ruth ein alttestamentarischer Name ist. Alles Jüdische wäre ausgeklammert worden, es sei fast wie ein Tabu gewesen. Möglicherweise wurde es von den Eltern nicht thematisiert, weil es für sie selbstverständlich war und sie in erster Linie Kommunisten waren. Später, als Erwachsene, hat Ruth damit begonnen, sich für das Judentum zu interessieren, aber nicht, weil sie religiös geworden ist, sondern weil sie ihren Wurzeln nachspüren hat wollen.

Ruth fühlt sich in der christlichen Umgebung nicht nur als Außenseiterin, weil sie Jüdin ist, sondern auch weil die Eltern Kommunisten sind und sie, wie schon erwähnt, zu den Sturmvögeln und später in die Junge Garde schicken. Obgleich sie sehr gerne dorthin geht, fürchtet sie die »anderen« so sehr, dass sie, wenn sie samstags nachmittags mit der weißen Bluse und dem blauen Bündel, später in Blauhemd und rotem Bündel, in das KPÖ-Lokal geht, Hemd und Bündel auf der Straße peinlich zu verbergen sucht.

Ruth fürchtet, nicht nur als Jüdin, sondern auch als Kommunistin angefeindet zu werden, und empfindet auch immer eine Art Ohnmacht, sich nicht zur Wehr setzen zu können.

Die Interviewerin fragt, ob Vilma Lebensmittel gehortet hätte. Wie schon erwähnt, war ja Vilmas Leitspruch: »Was ich im Magen habe, kann mir niemand mehr wegnehmen.« Sie hortete keine Lebensmittel, sondern gab verhältnismäßig viel Geld für Essen aus, das sie aber nicht aufhob, sondern mit ihren Kindern, allein oder mit Gästen gleich verzehrte. Ruth hat diese Gewohnheit von der Mutter übernommen. Auch sie leistet sich die feinsten und besten Lebensmittel, kauft immer zu viel ein, bewirtet großzügig ihre Gäste und schmeißt wie Vilma die Hälfte weg. Vilma hatte auch die Eigenheit, ihren Kindern Berge von Essen mitzugeben, nicht wie es üblicherweise andere Eltern machten, sondern tatsächlich Essen für mehrere Tage. Ruth nervte das, zumal Vilma schwer beleidigt war, wenn Ruth nichts mitnehmen wollte.

Eine Eigenheit Vilmas allerdings erzählt Ruth: Vilma konnte ohne Armbanduhr nicht aus dem Haus gehen, denn das brächte, so glaubte sie, Unglück. Zufällig hatte sie am Tag der Verhaftung ihre Armbanduhr zu Hause vergessen.

Vilma sparte nie, und seit es ihr finanziell besser ging, leistete sie sich alles, was sie wollte, ein Auto, Elektrogeräte aller Art (ihr Faible), edle Kleidung, Urlaube, und sie beschenkte großzügig Freunde und ihre Kinder. Dass sich Vilma jetzt alles leistete, wonach ihr der Sinn stand, ging sicher einerseits auf ihre Erfahrungen während des Krieges und des KZ-Aufenthalts, andererseits aber sicherlich auch auf die Armut in ihrer Kindheit und Jugend zurück. Dass sie diesen kleinen Luxus auch genießen konnte, war nicht selbstverständlich.

Vilma war sehr ängstlich, verlangte von ihren Kindern, sie ständig anzurufen, und war sehr besorgt, wenn sie nicht pünktlich kamen oder wenn sie diese nicht täglich telefonisch erreichte. Für Ruth war es ein enormer Druck, permanent Lebenszeichen von sich geben zu müssen. Als Ruth schon arbeitete und Vilma sie zwei oder drei Tage nicht erreichte, war sie völlig aufgebracht und überzeugt davon, dass etwas passiert sei. Sie glaubte sogar einmal, dass Ruth von ihrem damaligen Freund, den Vilma nicht besonders mochte, ermordet worden sei. Sie rief in panischer Angst ihren geschiedenen Mann an und bat ihn, in Ruths Wohnung nachzusehen, da er in ihrer Nähe wohnte und die Schlüssel hatte. Als er niemanden antraf und das Bett nicht gemacht war, ging er zur nächsten Polizeistelle und meldete seine Tochter als vermisst.

Viele Menschen sind ängstlich, fürchten, dass ihren Kindern ein Unfall passiert sei oder sie schwer erkrankt darniederlägen, aber dass Vilma fürchtete, Ruth könnte von ihrem Freund ermordet worden sein, ist doch extrem und sicher auf ihre KZ-Traumata zurückzuführen.

Elisabeth Brainin wendet sich nun Ruths persönlichen Lebensumständen zu. Nach ihrer Beziehung zu ihrer Schwester gefragt, antwortet Ruth im Interview relativ knapp, dass sie diese nicht verstünde und auf keinen Fall so leben wolle. Liesl hat zwei Kinder, der Mann hat sich von der Familie abgewandt, hält Liesl aber immer noch hin, sodass sie nicht wirklich weiß, woran sie ist. Ruth selbst hat zur Zeit des Interviews noch keine Kinder, eine Situation, mit der sie auch zufrieden ist, obwohl sie ständig von allen Seiten gefragt wird, wann sie denn endlich vorhätte zu heiraten und Kinder zu bekommen. Allerdings gibt es auch Momente, in denen sie mit ihrer Situation nicht zurechtkommt und zu Depressionen neigt, jedoch werden diese Momente immer seltener und Ruth glaubt, damit immer besser fertig werden zu können. Ob sie ein Kind will, weiß sie nicht recht, wenn aber doch, darf es nicht zu spät sein und nicht ohne Partner. Die Psychoanalytikerin interpretiert Ruths Lebensgestaltung als eine Art Provisorium, weil ihr ihre Mutter vermittelt hat, dass alles eine Art Provisorium sei, unabhängig davon, was man tue. Ruth hat mehrere Jahre im Ausland gearbeitet und nicht gewusst, wie sich ihre Arbeitssituation weiterentwickeln würde. Auch zur Zeit des Interviews hat sie nicht das Gefühl, in Wien bleiben zu wollen. Sie fühlt sich nicht wirklich in Wien verwurzelt. Im Gegensatz zu Ruths Vater hat Vilma immer bereut, nach Wien zurückgekommen zu sein, woraus sie auch kein Hehl gemacht hat. Für Ruth bedeutet das: »Wenn sie das so bereut, dann muss an dem Land etwas Grausliches sein. Vilma hat immer von Frankreich geschwärmt. Das hat mich nach Frankreich gezogen. Muss ein tolles Land sein. Vielleicht gefällt es mir deswegen dort so gut.«[263] Die Psychoanalytikerin führt Ruths Auslandsaufenthalte auf die mütterliche Traumatisierung zurück. Sie meint, dass das damit zusammenhinge, dass man nirgendwo Sicherheiten hätte. Dem ist aber entgegenzuhalten, dass ein junger Mensch durchaus Interesse haben kann, andere Lebensformen und Kulturen kennenzulernen, und sich möglicherweise auch noch nicht an ein festgefahrenes Arbeitsverhältnis binden will, was wohl mehr mit Aufgeschlossenheit zu tun hat als mit dem Gefühl, sich nirgendwo sicher zu fühlen.

Mit ihrem Kommentar dazu, dass es für Vilma leichter zu akzeptieren war, wenn Ruth in Frankreich war als zum Beispiel in Kanada, hat Brainin sicher recht: »Wenn sie schon nicht in Frankreich ist, so bist wenigstens du dort.«[264] Vilma fuhr am liebsten nach Frankreich, lieber als nach Deutschland, aber auch lieber als nach England. Über Österreich und die Österreicher äußerte sie sich immer sehr abfällig, allerdings nie vor den Freunden der Kinder. Wie im Interview mit Vilma fragt Brainin auch Ruth danach, ob sie Kinder nach Hause bringen durfte. Ruth bestätigt, dass das kein Problem war: »Solange der Papa nicht zu Hause war zumindest. Wenn er gekommen ist, sind alle freiwillig gegangen. Er hat die Atmosphäre total verpestet. Er war immer so unfreundlich. Er war so wahnsinnig streng.«[265] Er sagte nie etwas gegen die Kinder, die auf Besuch waren, schimpfte nie, war aber ablehnend und eisig. Wenn er von der Arbeit nach Hause kam, wollte er seine Ruhe haben, streckte alle viere von sich, erwartete, bedient zu werden, und kümmerte sich nicht weiter um die Familie. Im Gegensatz zu Vilma war Ruths Vater nicht nur sehr autoritär, sondern auch schrecklich jähzornig. Vilma war zwar sehr tolerant, aber inkonsequent und bekam gelegentlich kurze Wutausbrüche. Wenn sie zum Beispiel mit den Töchtern auf die Mariahilferstraße Kleider kaufen ging und die Mädchen sich »Fetzen« aussuchten, die Vilma ihnen kaufte, obgleich sie ihr nicht gefielen, explodierte sie danach mitten auf der Straße und machte den Kindern Vorwürfe, so etwas Hässliches gekauft zu haben. Sie war aber nie nachtragend. Ruth nahm diese kurzen Ausbrüche nicht besonders ernst. Im Gegensatz dazu war der Vater nachtragend, sprach wegen Kleinigkeiten wochenlang kein Wort mit den Kindern, spionierte ihnen nach und schickte die Töchter sechs Wochen ohne Taschengeld nach England. Auch Vilma litt entsetzlich unter Dollys Jähzorn und seinem autoritären Verhalten.

Die Interviewerin fragt Ruth, ob sie wisse, was ihre Eltern im Krieg erlebt hätten. Der Vater hätte nie viel darüber geredet, erzählt sie, hätte aber (zur Zeit des Interviews) seine Erinnerungen an seine Jugend,[266] die Emigration, die Arbeit in der Résistance, die Internierungen in Frankreich und die Rückkehr nach Wien niedergeschrieben. Ruth zeigt sich verärgert darüber, dass er sich in den Erinnerungen als Guter darstellt, der immer allen geholfen, alle gerettet hat und überhaupt der große Held war. Unpassend in diesem Zusammenhang findet sie auch seine Prahlerei mit seinen vielen Frauengeschichten. Ruth ist auch verärgert, weil Dollys Erlebnisse nicht mit denen der Mutter vergleichbar sind. Ruths Reaktion war damals aber nicht ganz gerecht. Die Ursache dafür liegt sicher auch darin, dass der Vater die Familie verlassen und sich äußerst »mies« verhalten hat. Heute sieht Ruth die Erfahrungen des Vaters objektiver und würdigt seine Verdienste in der Résistance.

Die Mutter redete hingegen sehr viel über ihre politischen Aktivitäten von damals, über ihre Verhaftung, über das Gefängnis Fresnes, über die Festung Romainville, über Drancy, über die Deportation, über Auschwitz, den Todesmarsch nach Ravensbrück und ihren Aufenthalt dort. Meistens erinnerte sie sich zusammen mit Freunden, die ähnliche Erfahrungen gemacht hatten und in der Résistance in Frankreich oder Belgien, im KZ oder in Internierungslagern oder Gefängnissen gewesen waren. Unter ihnen waren Lotte und Hugo Brainin, Edith und Ernst Wexberg, Cilly und Otto Spitz, Bauchi und Rena Winterstein, Toni Lehr, Ida und Moritz Margulies, Esther Tencer, Hilde und Harry Zimmermann und Kommunisten, die in der englischen Emigration gewesen waren, wie zum Beispiel die Familie Scholl und die Familie Kauders. Sie saßen zusammen, politisierten und sprachen über ihre Erlebnisse im KZ. Auch Lotte Brainin erzählte im Interview mit Amesberger, dass sie im Kreise der Freunde, die auch ehemalige KZ-Häftlinge waren, ununterbrochen über ihre Erlebnisse gesprochen hätten: »… jede Woche haben wir uns woanders getroffen, und alle zusammen. Das Thema war immer – KZ. Jede Woche. Und immer. Nichts anderes.«[267] Ab dem Zeitpunkt, da Ruth älter war, war sie bei diesen Abenden oft als stille Zuhörerin mit dabei. Vilma protzte nie, wenngleich sie eine Heldin war. Sie spielte sich nie in den Vordergrund, nahm ihre Verletzungen nicht so wichtig wie andere, die meinten, den »Vogel gepachtet« zu haben. Sie ging auch nicht wie andere zum Psychiater. Allerdings hatte ihr exzessives Erzählen, das sich natürlich wiederholte, manchmal etwas Penetrantes, das Ruth hin und wieder auf die Nerven ging. Sie erzählte so viel und so ausführlich, dass Ruth der Ablauf der Ereignisse ziemlich genau bekannt war: Emigration aus Wien, Résistance, Festnahme, die spätere Identifizierung als Jüdin, Deportation nach Auschwitz, Ravensbrück, Befreiung und Schwedenaufenthalt.

Ruth meint, dass der Vater nicht so furchtbar unter seinen Erlebnissen gelitten hätte wie die Mutter unter den ihren. Sicher hätte Dolly Schreckliches erlebt, aber Auschwitz hätte alles übertroffen. Außerdem hätte Vilma ihre einzige Bezugsperson Adi verloren, während Dollys Familie in der Emigration überlebt hätte.

2015 kontaktiert Ruth Adis Verwandte in Argentinien und den USA. Von ihnen erfährt sie, dass Adi seiner ganzen Familie 1938 in Paris Visa für Paraguay verschafft und ihnen somit das Leben gerettet hatte. Adi selbst ist wohl 1938 nicht aus Frankreich emigriert, da Frankreich zu dem Zeitpunkt noch nicht von den Deutschen besetzt war, und später nicht, weil er, wie Vilma, gegen die Nazis kämpfen wollte. Vilma wusste, dass Arthurs Familie mit seiner Hilfe zuerst nach Paraguay und kurz darauf nach Argentinien emigriert war. Sie war es, die nach dem Krieg Adis Angehörige über seinen Tod informiert hatte. Zu Vilmas KZ-Traumata kamen nun auch schwere Schuldgefühle dazu, Adi überlebt und nicht auf Emigration gedrängt zu haben.

Brainin interessiert, wie Ruth es erlebt hätte, dass ihre Mutter Ende der Siebzigerjahre nach Auschwitz gefahren sei. Ruth schwankt zwischen Verständnis und Unverständnis. Sie weiß nicht, ob sich überhaupt jemand, der Auschwitz nicht erlebt hat, vorstellen kann, wie es sein musste, den Ort des Grauens wieder aufzusuchen. Ruth weiß, dass Vilma auf dieser Reise sehr gelitten hat. Ob es ihr geholfen hat, kann sie nicht sagen. »Ich war sehr erstaunt, dass sie sich das zumutet, dorthin zu fahren. Ich weiß nicht, ob ich mich das getraut hätte.«[268] Ruth selbst möchte eigentlich vorerst nicht hinfahren. Sie wäre in Mauthausen und Ravensbrück gewesen und das reiche ihr. »Das Grauen kann man sich trotz allem nicht vorstellen. Was ich sehe, ein paar Baracken, ein grausiges, verwahrlostes Gelände und ein paar Gedenktafeln. Was gibt mir das? Da schau ich mir besser einen Film darüber an oder lese einschlägige Literatur.«[269]

Auf die Frage, ob Ruth aufgrund der Familiengeschichte auf tagespolitische Ereignisse anders reagiere als andere, bejaht sie dies entschieden: »Seit dem Anschlag auf die Synagoge in Wien[270] ist wieder ein bisschen das Gefühl da, verfolgt zu werden. Dass es vielleicht wieder uns trifft. Konsequent denke ich das nicht wirklich durch. Eher das Globale, dass in Europa demnächst etwas passieren wird. Das macht mir Angst.«[271]

Unter Kreiskys Regierung hat sie sich gut aufgehoben und als Jüdin beschützt gefühlt, obwohl Kreisky ihrer Meinung nach auch vieles falsch gemacht und einen »jüdischen Selbsthass« hätte. In gewisser Weise ist er eine Vaterfigur für sie.

Obwohl Ruth schnell Kontakt findet, fühlt sie sich doch oft als Außenseiterin. Geborgen fühlt sie sich nur bei ganz wenigen Leuten, eigentlich nur bei Leuten, die aus demselben Milieu stammen. Während ihrer Frankreich- und Italienaufenthalte allerdings hatte sie nie das Gefühl, Außenseiterin zu sein und nicht dazuzugehören. Dies führt sie darauf zurück, dass die Leute in diesen Ländern aufgeschlossener seien.

Abschließend befragt Brainin Ruth über ihre besondere Beziehung zu ihrer Mutter. Sie meint, dass es sich um eine besondere Dimension von Intimität und Nähe handle, die anders sei als in anderen Familien: »Wenn ich über meine Mutter und das KZ spreche, dann bin ich immer knapp am Heulen, da ist immer noch das Gefühl mit dabei, dass ich sie eigentlich beschützen muss.«[272] Auf Ruth hat die Mutter immer schon schrecklich zerbrechlich und verletzlich gewirkt, obwohl sie ihr Leben besser als viele andere gemeistert hat und mit extrem schwierigen Situationen fertig geworden ist. Vielleicht war ihr dies auch mithilfe ihres Humors und Witzes möglich. Sie hat immer Mitleid in Ruth erweckt und sie hat ihr unheimlich leidgetan. Ruth hat sich nie vorstellen können, wie Vilma es überhaupt geschafft hat, zu überleben. Schon als Kind hat Ruth die Vorstellung gehabt, die Mutter beschützen zu müssen und für sie verantwortlich zu sein. Dies hätte sich auch in Träumen geäußert und natürlich die Loslösung von der Mutter erschwert, die ihr starke Schuldgefühle bereitet hätte. Ging es der Mutter schlecht, hätte sie sich immer Vorwürfe gemacht, obgleich sie, seit die Kinder aus dem Haus waren, »selbstständiger« geworden sei. Sie war der Meinung, der Mutter helfen zu können, was aber auf ihre eigenen Kosten ging.

»Ich kann sie täglich dreimal anrufen und besuchen, mit ihr spazieren gehen oder sonst was machen, aber das will ich nicht, und ich weiß auch, dass das nicht das Richtige wäre. Wenn ich das nicht tue, dann wird sie selbstständiger. Sie spielt ja auch zum Teil die Hilflose, dass sie zum Beispiel nicht fähig ist, ihren Plattenspieler selbst einzuschalten.«[273]

»Wenn man so viel Dreck und Elend mitgemacht hat wie meine Mutter, keine Familie, keine Verwandten, schon als Kind nicht – das spielt bei ihr sicher eine große Rolle, dass sie sich deswegen an uns sehr klammert. Wenn sie jetzt noch einen Mann hätte, den sie umsorgen könnte, wäre das auch anders. Es ist noch ein Glück, dass meine Schwester zwei Kinder hat. So ist sie beschäftigt. Sonst könnte ich mir das überhaupt nicht vorstellen.«[274] Die Psychoanalytikerin analysiert das folgendermaßen: »So, als ob die Schwester die Kinder für die Mutter gekriegt hätte.«[275] Ruth meint, da könne etwas dran sein, zumal Liesls ältere Tochter Daniela das erste Lebensjahr bei Vilma verbracht hätte.

2. Elisabeth (Liesl)

Liesl geht nach der 6. Klasse Gymnasium mit siebzehn Jahren nach London, wo sie die »Economical Class« besucht. Nach ein-einhalb Jahren kehrt sie nach Wien zurück und arbeitet in einem amerikanischen Konzern. 1971 heiratet sie und bekommt mit vierundzwanzig Jahren ihre erste Tochter, bleibt drei Jahre zu Hause, eröffnet dann mit ihrem Mann ein Antiquitätengeschäft, in dem sie bis zur Trennung von ihm arbeitet. Mit vierunddrei-ßig bekommt sie ihre zweite Tochter. Nach der Scheidung arbei-tet sie bis zu ihrer Pensionierung bei der Atombehörde in Wien.

Ähnlich wie Ruth fühlt sich auch Liesl als Außenseiterin. Insbe-sondere in der Volksschule gibt es keine Kinder aus demselben Milieu. Auch sie empfindet die Außenseiterrolle ganz besonders deshalb, weil sie den Religionsunterricht nicht besucht, obwohl sie »irrsinnig« gern teilgenommen hätte. Im Gegensatz zu Ruth ist sie ziemlich isoliert und hat wenige Freundinnen. Auch sie erfährt erst in der Volksschule, dass die Familie jüdisch sei, aber keine Religion ausübe. Die Konfessionslosigkeit wird durch die Zugehörigkeit zur Kommunistischen Partei begründet. Als Liesl einmal in der Volksschule zu einer Kinderjause eingeladen ist, spielen die Kinder: »Jud', Jud' spuck in Hut! Sag dem Papa, das ist gut!« Sie hat keine Ahnung, was das bedeutet, weiß nicht einmal, was ein Jud' ist. Als sie es zu Hause erzählt, sind die Eltern in höchster Aufregung und klären sie auf.

1961 besucht sie das Mädchengymnasium in der Haizinger-gasse im 18. Bezirk. Damals war dort die Jüdin und Kommu-nistin Minna Lachs Direktorin. Liesl fühlt sich trotzdem schlecht in diesem Gymnasium, insbesondere wegen des unterschwelli-gen Antisemitismus ihrer Mitschülerinnen. Als gerade der Film *Exodus* aktuell ist, sehen ihn auch ihre Klassenkameradinnen.

»Ein Mädchen hat gesagt: ›Wenn man den Film sieht, könnte man glauben, Juden sind auch nette Menschen.‹«[276] Liesl wird blass und fürchtet sich sehr. Ein anderes Beispiel erlebt Liesl im Gymnasium Rahlgasse im sechsten Bezirk, in das sie ein Jahr später wechselt. Als sie dort erzählt, dass sie zu Ostern in Israel gewesen sei, sagt eine Schülerin: »Aber dort sind doch lauter Juden.«[277] Heute fürchtet sich Liesl nicht mehr und steht dazu, dass sie Jüdin ist.

Liesl hatte als Kind immer Angst, abgelehnt zu werden, weil sie nicht nur aus einer jüdischen, sondern auch aus einer kommunistischen Familie kam. In einer stark katholischen, noch vom Nationalsozialismus geprägten und antisemitischen Gesellschaft hatten Liesl und Ruth praktisch keine Gemeinsamkeiten mit ihren Mitschülern und Mitschülerinnen. Dies machte sie nicht nur zu Außenseiterinnen, sondern auch extrem misstrauisch, sodass sie darauf bedacht waren, ihre Herkunft zu verschweigen. Die Devise war: Nur nicht auffallen! Zur Zeit des Interviews sagt sie: »Ich habe jetzt überhaupt keine Hemmungen mehr. Ich bin, wer ich bin, und alles andere ist mir wurscht. Wenn mich wer nicht akzeptieren will, soll er's bleiben lassen.«[278]

Obgleich Liesl im Gymnasium selbst auch aufmüpfig ist, geniert sie sich manchmal für das Verhalten ihrer Mutter. Als beispielsweise ihr damaliger Chef Liesl zusammen mit Vilma ins Theater zu *Anatevka* einlädt, zieht Vilma sich dort die unbequemen Schuhe aus, was Liesl schrecklich peinlich ist. Auch im Restaurant geniert sie sich für die Mutter. Sie hätte so getan, als ob das Lokal ihr gehörte. Dies freilich ist Liesls Sichtweise.

Liesl bedauert sehr, außerhalb des Freundeskreises der Eltern nur äußerst wenig Kontakt zu jüdischen und kommunistischen Kindern gehabt zu haben. Im Gegensatz zu Ruth hätte sie sich auch in ihrem Milieu, zum Beispiel in der Jungen Garde, als Außenseiterin gefühlt, obwohl sie durchaus Freunde gehabt hätte. Nur in London, wo sie eineinhalb Jahre gelebt hätte, hätte sie das Gefühl gehabt dazuzugehören, obgleich sie die einzige Ausländerin gewesen sei. In ihrer Klasse seien einige jüdische Kinder gewesen und sie wäre integriert gewesen. Nach der Schule arbeitet sie noch ein halbes Jahr in London, will eigentlich bleiben, kümmert sich aber nicht um die Verlängerung der Arbeitserlaubnis – »lax, wie ich war«.[279] Nach der Rückkehr nach Wien wäre sie gerne für ein Jahr nach Frankreich gegangen, lernt aber ihren zukünftigen nichtjüdischen Mann kennen, mit dem sie auch bald zusammenzieht. Sie schildert ihn als »irrsinnig tolerant«. Dass Liesl Jüdin war und aus einer kommunistischen Familie stammte, war irrelevant, darüber gab es keine Debatten. »Dem war *ich* wichtig. Ich war sehr froh, jemanden zu haben, der zwar nicht jüdisch ist, das aber nicht wichtig nimmt, dass es für ihn effektiv egal war.«[280] Seine Eltern waren Mitläufer. Für Liesl war das kein besonderes Problem. Sie diskutierte sowieso nicht mit ihnen, sagte höchstens »Guten Tag« und »Wie geht's?« und ließ sie gelegentlich auf die Kinder aufpassen. In letzter Zeit allerdings – sie ist zu der Zeit bereits von ihrem Mann getrennt – hat sie das Gefühl, dass es vielleicht besser wäre, einen Juden zu heiraten und unter sich zu bleiben. Warum, kann sie nicht erklären. Ihre ältere Tochter Daniela schickt sie in den jüdischen Religionsunterricht, weil sie selbst keinen Religionsunterricht besucht hat und dies immer noch als Manko empfindet. Selbstverständlich hat sie Daniela erklärt, dass sie Jüdin sei, und ihr erzählt, dass Vilma im KZ war. Es geht Liesl sowohl um die religionsgeschichtlichen Zusammenhänge als auch darum, die jüdische Tradition zu bewahren.

Liesl selbst setzte sich nicht intensiv mit dem Holocaust auseinander. Sie will nichts davon wissen und wenn möglich verdrängen. Über die Erlebnisse der Mutter weiß sie zwar im Großen und Ganzen Bescheid, kennt aber die Details nicht genau. Allerdings hat sie natürlich die tätowierte Nummer auf ihrem Unterarm wahrgenommen. Vilma sprach aber vor den Kindern, solange diese klein waren, nie darüber. Erst als sie sich die Auschwitz-Nummer entfernen ließ, wurde deren Bedeutung thematisiert, und Liesl begriff den Zusammenhang. Vor allem erfuhr sie Genaueres, wenn zu den Eltern deren kommunistische Freunde, insbesondere Vilmas Freunde aus dem KZ, kamen und darüber sprachen. Im Geschichtsunterricht erfuhr man damals nichts über den Zweiten Weltkrieg, üblicherweise endete der Geschichtsunterricht mit dem Ende des 19. Jahrhunderts.

Liesl meint, dass man mit Vilma nicht normal reden könne, dass sie furchtbar zynisch sei und alles ins Komische verzerre. Und auch Liesl selbst kann nicht über ihre Gefühle sprechen. Sie meint, ein ähnlicher Typ wie Vilma zu sein und alles ins Lächerliche zu ziehen, zudem zynisch und sarkastisch zu sein.

Ereignisse in Israel berühren Liesl mehr als ihre Freunde und Freundinnen, natürlich auch der Anschlag auf die Synagoge in Wien kurz vor dem Interview.

Brainin fragt Liesl, wie sich Vilmas Erfahrungen im KZ im täglichen Umgang geäußert hätten, zum Beispiel beim Einkaufen oder wenn sie Liesl in den Kindergarten oder in die Schule gebracht oder mit den Lehrern und Lehrerinnen geredet hätte. Liesl schildert die Mutter als nervös und ungeduldig, die kettenrauchend einen Kaffee nach dem anderen trinke. Die meisten Menschen hielte sie für ehemalige Nazis. Jeder, der nicht jüdisch oder kommunistisch sei, sei für sie ein Nazi. Liesl hält sie für sehr misstrauisch.[281] Dem muss man allerdings entgegenhalten, dass eine anhaltende Entnazifizierung, wie bereits angemerkt, in Österreich nicht stattgefunden hat, dass die Bevölkerung noch lange nach dem Krieg nazidurchsetzt und somit Vilmas Misstrauen durchaus berechtigt war.

Liesl hält ihre Mutter »für nicht ganz ›normal‹. Ich glaube schon, dass die Menschen aus einem KZ anders waren. […] Du kannst mit der Mama irrsinnig schwer über ein Thema reden. Wenn sie mit Bekannten zusammensitzt aus dieser Zeit, gibt es fast kein anderes Thema. Zumindest wenn ich das so mithöre. Politisch. Das ist das Einzige, was ich jemals höre. Auch was sie liest, das ist alles einschlägig. Wenn sie sich einen Film anschaut, außer im Fernsehen, oder ins Theater geht. Womöglich alles einschlägig. Ich finde das ein bisschen zu viel. Und ich mag dieses Misstrauen nicht, das bei ihr ja fast jedem Menschen gegenüber vorhanden ist. Jeder Mensch, den sie nicht gut kennt, ist schrecklich und furchtbar. Niemandem, den sie kennenlernt, steht sie erst einmal positiv gegenüber. Ihre erste Einstellung ist immer nur negativ. Am liebsten ist sie mit jungen Leuten, die links sind, zusammen, oder mit ihrem Bekanntenkreis, den sie aus dem Lager kennt.«[282] Für Brainin stellt es sich so dar, als ob Vilma in einer anderen Welt leben würde. »Manchmal hab’ ich das Gefühl, sie lebt gar nicht richtig. Sie ist wahnsinnig viel allein. Sie ist immer müde, hat sich gerade hingelegt oder liegt gerade oder will sich gerade hinlegen. Sie grabt sich so ein.«[283] Liesl meint, dass Vilmas Verhalten sicher mit ihren KZ-Erfahrungen zu tun hätten, dass Leute, die »nur« in der Emigration gewesen wären, nicht ganz so traumatisiert seien. Sie glaubt, dass Leute, die im KZ gewesen sind, alle nicht ganz »normal« seien.

Auch bei Liesl machen sich die Ängste der Mutter bemerkbar. Schon als Kind war sie furchtbar ängstlich. Wenn sie abends nach Hause kam und es schon finster war, musste Vilma sie von der Straßenbahnstation abholen. Auch in der Nacht hatte sie furchtbare Angst, wenn sie aufwachte. Sie konnte fast nie einschlafen, wenn die Eltern abends ausgingen. Auch jetzt noch fürchtet sie sich mehr oder weniger vor allem: vor der Finsternis, vor dem nächsten Krieg, wenn sie nachts allein auf der Straße geht. Wenn sie Auto fährt, muss sie die Türen von innen versperren, was auch Vilma immer macht.

Liesl behauptet, dass ihr Verhältnis zum Vater besser gewesen ist als das zu ihrer Mutter. Allerdings hätte sie in der Pubertät schreckliche Streitigkeiten mit dem Vater gehabt, der sehr jähzornig gewesen sei, ihr alles verboten, ihr nachspioniert und wochenlang nicht mit ihr gesprochen hätte. Liesl hätte das Gefühl gehabt, alles falsch gemacht zu haben. Sie hätte sich damals sehr ungerecht behandelt gefühlt und sich mit dem Vater Schreiduelle geliefert. Er wäre oft so in Rage gewesen, dass man sich vor ihm fürchten musste. Das eher schlechte Verhältnis zur Mutter begründet sie mit ihrer wahnsinnigen Eifersucht auf Ruth. Liesl hätte das Gefühl gehabt, dass Ruth mit der Mutter so eng verbunden und sie ausgeschlossen gewesen sei, weshalb sie sich mehr dem Vater zugewandt hätte. Liesl betrachtet ihr Verhältnis zu Ruth als nahe, aber sehr schwierig. Sie meint, dass Ruth besser mit Menschen umgehen könne, jedoch unfair sei und nicht sage, was sie denke. Sie meint auch, dass es die jüngeren Geschwister leichter hätten, weil sich die Älteren immer alles erst erkämpfen müssten. »Außerdem war ich ungeschickt und dick und schiach und blöd und was weiß ich alles.«[284] Brainin meint dazu, dass sie offensichtlich auch in der Familie eine Außenseiterin gewesen ist. Liesl relativiert das insofern, als sie sich zumindest in ihrer Fantasie als Außenseiterin gefühlt hat. Brainin fragt, ob sich ihr Gefühl, im Gegensatz zu ihrer »schönen, dünnen, strahlenden und geschickten« Schwester die »Wertlosere« zu sein, im Laufe der Jahre gelöst hätte, und wie sie sich in ihrem Freundeskreis und in ihrem Arbeitsumfeld fühle.[285] Liesl sagt, dass ihr Freundeskreis sehr klein sei und dass sie, seit sie Kinder hätte, kaum ausginge. Jüdische Familien kenne sie allerdings wenige. Bald nach dem Interview ändern sich ihre Lebensumstände und ihr Freundeskreis vergrößert sich.[286]

Im Interview von 1981 meint Liesl, dass sie ein engeres Verhältnis zu ihrer Mutter hätte als andere Frauen ihres Alters. Auch meint sie, dass das Zusammengehörigkeitsgefühl bei Juden größer sei als bei anderen. In anderen Familien gingen die Kinder als Erwachsene einfach weg. Wenn die Eltern sie sehen wollten, dann sollten sie kommen. Die Eltern seien für die Kinder da und nicht umgekehrt. In ihrer Familie sei es aber so, dass auch die Kinder für die Eltern da wären.[287] Liesl telefoniert täglich mit ihrer Mutter. Wenn Liesl einmal nicht anruft, ist Vilma beleidigt. Wenn Liesl einmal nicht erreichbar ist, fragt sie sie, wo sie gewesen sei. Allerdings ist dazu zu bemerken, dass Vilma sich sehr um ihre Enkelkinder gekümmert und sich auch deshalb ständig Sorgen gemacht hat. Zum anderen hat Vilma, als Liesls Ehemann sie verlassen hat, nur lakonisch bemerkt: »Is eh a Trottel.«[288] Darüber war Liesl sehr gekränkt: »Ich kann nicht zehn Jahre mit einem Menschen zusammenleben und dann einfach sagen, es war nichts.«[289] Im Gegensatz dazu hätte sie mit dem Vater darüber gesprochen, der sie dann auch getröstet hätte. Derzeit könne sie mit ihm besser reden als mit der Mutter, obgleich er keinerlei Kritik vertragen würde und leicht beleidigt sei.

Brainin möchte von Liesl wissen, was für sie das Judentum ausmache, was es für sie bedeute, Jüdin zu sein, was sozusagen ihre jüdische Identität ausmache. Liesl antwortet: »Dass ich einer Rasse angehöre, die seit Ewigkeiten verfolgt wird.«[290] Brainin vermutet, dass sich für Liesl die Frage anders stellen würde, wenn die Mutter nicht im Lager gewesen wäre.[291] Liesl meint, dass sich diese Frage schwer beantworten lässt. Jedenfalls will sie nichts mehr verheimlichen. Deshalb schicke sie ihre Tochter Daniela auch in den jüdischen Religionsunterricht, obwohl sie selbst weder religiös noch bei der Israelitischen Kultusgemeinde sei. Auf Danielas Frage, was im Interview Thema gewesen sei, hätte sie ihr jedoch von Vilmas Erfahrungen im KZ erzählt. Brainin meint dazu, dass Liesl dem Kind beides vermitteln wolle, sowohl die Verfolgung als auch »irgendetwas Intaktes«.[292] Liesl will auch, dass Daniela von klein auf weiß, wo sie hingehört. So spielt Vilmas Schicksal in Danielas Leben auch eine Rolle. Obwohl Liesl die Kinder nicht zu sehr belasten will, sollen sie nicht das Gefühl haben, etwas verstecken zu müssen. »Sie soll wirklich das Gefühl haben, das, was sie ist, ist sie, und dazu soll sie stehen: eine Jüdin.«[293] Brainin streicht heraus, dass das Jüdischsein für sie auch etwas Positives sein soll und nicht so, wie Liesl es mitgekriegt hat, nur Vernichtung und Angst bedeute.

Im Gespräch im Jahr 2015 sagt Liesl, dass sie mit Religion überhaupt nichts anfangen könne, dass ihr Jüdischsein keine besondere Rolle mehr spiele und dass sie eben jüdisch sei, weil sie aus einer jüdischen Familie komme.

3. Daniela

Im Jahr 2015 führen die Autorinnen auch noch mit der nun vierundvierzigjährigen Daniela, Liesls ältere Tochter, ein Interview durch. Die Frage, ob sie sich als Jüdin fühle, bejaht sie, allerdings nur kulturell und »von den Wurzeln her«. »Mit Religion hab' ich nichts am Hut.« Sie sieht es genauso wie ihre Mutter. Der nichtjüdische Vater ist ihr in diesem Zusammenhang kein Problem. »Ich hätte nie bei der Auswahl eines Mannes darauf geachtet, ob er Jude ist oder nicht.«[294] Freimütig gibt sie zu, vieles, was sie im jüdischen Religionsunterricht gelernt hat, vergessen zu haben. Auch sie schickt ihre Söhne in den jüdischen Religionsunterricht. Auch die Söhne fühlen sich als Juden, obgleich der Vater Nichtjude ist, denken aber nicht daran, in die Synagoge zu gehen oder Bar Mizwa zu feiern. Daniela führt ihre jüdische Verbundenheit auf Vilmas Geschichte zurück. Sie hat sehr viel Zeit mit ihr verbracht und ihr erstes Lebensjahr sogar bei ihr gewohnt. Sie liebt sie sehr und hat sie als Oma »total cool« gefunden. Vilma ist damals zweiundfünfzig Jahre alt gewesen und hat noch halbtags gearbeitet. Daniela hat Vilma als unkonventionell empfunden und von ihr »Tschicks« (Zigaretten) und »Fetzen« bekommen, die sie sich besonders gewünscht und von den Eltern nicht bekommen hat. Immer wenn Daniela Vilma darauf aufmerksam gemacht hat, dass sie verkehrt in eine Einbahnstraße gefahren ist, hat sie geantwortet: »Ich fahr eh nur in eine Richtung.« Wenn sie sie vom Lycée abgeholt hat, hat sie Jause für gleich zwanzig Kinder mitgebracht, weil ja andere Kinder auch noch Hunger haben hätten können. Von Vilmas Nervosität hat sie zunächst nichts mitbekommen. Erst als ihre Schwester Anna 1980 geboren worden ist, hat sich Vilmas Trauma mit dem sterbenden Kind in Auschwitz bemerkbar gemacht. Obwohl Vilma sichtlich bemüht war, sich nichts anmerken zu lassen, ist Daniela Vilmas Leiden nicht verborgen geblieben.

Vilma hat mit Daniela auch über das KZ gesprochen, was Daniela allerdings manchmal »plötzlich zu viel« war. Natürlich hat Daniela auch die Narbe auf Vilmas linkem Unterarm gesehen und Vilma hat ihr von der tätowierten Nummer aus Auschwitz erzählt.

Diese enge Beziehung zur Großmutter hat Daniela sehr geprägt, weshalb ihr auch ihre jüdische Identität so wichtig ist. Im Gegensatz zu ihrer Mutter hat Daniela keine Angst und verbirgt ihr Judentum nicht. Sie ist sogar stolz darauf, Jüdin zu sein. Allerdings ist sie ins Lycée français in Wien gegangen, ein Gymnasium, in das sehr viele jüdische Kinder gehen, in dem alle Religionen vertreten sind und niemand seine Zugehörigkeit verbergen muss. Dadurch war Daniela keine Außenseiterin wie Liesl und hat sich nicht in der Minderheit gefühlt, wie es ihre Mutter als Schülerin erlebt hatte. Sie ist heute noch besonders stolz auf ihre Oma. »Auf den Menschen, der sie war. Da hat alles zusammengespielt. Da war auch viel, wie sie dann war, obwohl sie das alles erlebt hat.«[295]

Als Jugendliche, im Alter von zwölf, dreizehn Jahren, hat Daniela sogar gern in den Cliquen Gleichaltrige vom Karl-Marx-Hof provoziert, wo sie sich oft herumgetrieben hat. Sie hat die Konfrontation bis hin zu gefährlichen Situationen gesucht. Oft hätte es damit angefangen: »Wieso bist du im Lycée? Ist das anders?« Daniela hätte dies bejaht und ihren Freunden erklärt, dass es im Lycée viele jüdische Kinder gebe und dass sie dort den jüdischen Religionsunterricht besuche. Daraufhin seien Bemerkungen wie »Ach was, Juden gibt's noch?« gekommen. Einmal ist sie als »du depperte Jüdin« beschimpft worden. Daniela hat solche Bemerkungen ganz bewusst ausgelöst. Sie hat auch mit Andeutungen über den Holocaust provoziert und über ihre Oma erzählt. Sie ist sehr stolz auf ihre Oma gewesen. Sie hat nie Angst gehabt. Für sie waren die Jugendlichen, mit denen sie gestriten hat, die Außenseiter und nicht sie. Heute meint Daniela: »Der Mut-Angst-Pegel hat sich von einer Generation zur anderen verschoben. Bei der Generation meiner Mutter hat noch die Angst überwogen und bei mir die Wut.« Obgleich Vilma in ständiger Angst gelebt hat, hat sich diese nicht auf Daniela übertragen. Ihren Töchtern hatte sie noch unbewusst ihre Ängste vermittelt, ihren Enkelkindern nicht mehr. »Natürlich gab's diese Momente und das Nachdenkliche. Im Gegenteil, die Oma hat immer versucht, mir Optimismus beizubringen, zu allen Leuten zuerst einmal freundlich zu sein, empathisch zu sein, für Leute da zu sein, dass man sich nie zu schad' sein darf für etwas.« Auch hat Vilma Daniela nicht ihre Obsession vermittelt, dass in jedem nichtjüdischen Österreicher ein Nazi zu sehen sei.

Daniela hat sich auch viel mit dem Holocaust auseinandergesetzt. Sie hat viel gelesen, vorwiegend die »Standardliteratur«, besonders in der Pubertät, wie zum Beispiel *Die Tagebücher der Anne Frank* oder *Der Kommandant in Auschwitz* und andere einschlägige Literatur. Derzeit liest sie nicht mehr so viel zum Thema Holocaust.

Vilma hat mit Daniela auch über die KPÖ und darüber gesprochen, weshalb so viele damals Kommunisten gewesen seien, ferner, wie richtig und wichtig ihr das vorgekommen sei bis zu dem Punkt, an dem es nicht mehr gegangen sei. Sie hat versucht, Daniela zu erklären, dass ihr der Kommunismus als der einzig richtige Weg erschienen sei und dass es oft sehr lange dauerte, bis man merkte, dass man in eine falsche Richtung gegangen sei, und man lernen müsste, von seinem Weg wieder abzuweichen, hätte man bemerkt, dass er der falsche sei, und zwar selbst dann, wenn das ganze Weltbild aus den Fugen geraten würde, weil man sich in etwas gerettet hätte, das sich dann doch nicht als Rettung herausgestellt hätte.

4. Nicolas

Ruth interviewt im Jahr 2015 ihren sechsundzwanzigjährigen Sohn Nicolas, dessen Vater kein Jude ist. Wie schon in den Interviews mit Liesl, Ruth und Daniela fragt Ruth auch ihren Sohn Niki, was sein Jüdischsein ausmache. Er antwortet: »In erster Linie du. Ich weiß es nicht so genau.« Obwohl er weder religiös noch zionistisch ist, trägt er den Davidstern. Einerseits trägt er ihn, weil er sich kulturell zum Judentum zugehörig fühlt, andererseits als Erinnerung an seinen mit siebenundzwanzig Jahren verstorbenen älteren Bruder Boris, der einen ähnlichen Davidstern getragen hat. Früher hat er ihn hauptsächlich getragen, weil er ihn schön gefunden hat. Schön findet er ihn immer noch. Davon abgesehen hält Niki es für etwas Besonderes, Jude zu sein: »Es ist auch eine gewisse Ehre, zu einer Minderheit zu gehören.« Er betont das Außerordentliche der jüdischen Kultur, die vielen kreativen Persönlichkeiten und Intellektuellen. Davon ein Teil zu sein, will er nicht verstecken. Er hat keine Angst vor antisemitischen Angriffen, wenn er den Davidstern trägt. Überhaupt ist das Jüdischsein bei Niki nicht mit Angst verbunden, eher mit Stolz. Auch in der Schule hat er, im Gegensatz zu Ruth, nie verheimlicht, Jude zu sein, und ist sich auch nie ausgeschlossen vorgekommen.

Obgleich Niki seine Großmutter Vilma nicht mehr kennengelernt hat, will Ruth wissen, ob und wie sich die KZ-Erfahrungen Vilmas auf ihn ausgewirkt haben. Niki beschäftigte sich viel mit dem Thema, möchte aber selbst nie ein KZ besuchen. Er meint, es sei ein Ort, der daran erinnert, was passiert sei. Ein Ort, in den er sich sehr stark hineinversetzen würde, was ihm, wie er sagt, »an die Nieren geht«. So war es auch, als er mit der Schule das KZ Mauthausen besucht hat. Niki hat während seiner Schulzeit viel zu dem Thema gelesen, sich einschlägige Filme und Dokumentationen angeschaut, sicher mehr als andere Jugendliche. Im Gespräch mit Ruth zeigt sich, dass Niki sehr gut über Auschwitz informiert ist. Auch deshalb, weil Ruth ihm viel darüber erzählt und ihm auch immer altersentsprechende Lektüre gegeben hat. In letzter Zeit beschäftigt er sich weniger damit, hat aber kürzlich das Interview mit Vilma aus dem Jahr 1983 gelesen. Auch die Erinnerungen seines jüdischen Großvaters hat er gelesen. Stößt er jetzt zufällig auf einen Zeitungsartikel oder eine Dokumentation im Fernsehen, interessiert ihn das sehr, er sucht aber nicht explizit danach, da es ihn zu sehr bedrückt. Allerdings befasst er sich nicht näher mit dem neu aufkommenden Antisemitismus, etwa in Frankreich. Über den Terroranschlag in

Paris am 13. November 2015 im Club Bataclan, einem Vergnügungsetablissement und Konzertsaal, über den Terroranschlag auf die Zeitungsredaktion von Charly Hebdo, den anschließenden Anschlag auf einen jüdischen Supermarkt am 7. Januar 2015 und den Anschlag auf eine jüdische Schule in Toulouse am 19. März 2012 hat er sich kaum informiert, weil ihn diese Vorkommnisse zu sehr erschüttert hätten.

Vergleicht man die beiden befragten Enkelkinder Daniela und Niki miteinander, so fällt auf, dass beide stolz sind, Juden zu sein. Das mag bei beiden unterschiedliche Ursachen haben, zumal sie fast zwei verschiedenen Generationen angehören. Danielas Stolz hat sicher mit der engen Beziehung zu Vilma zu tun, die sie nicht nur als Heldin, sondern auch als außergewöhnliche Persönlichkeit verehrt. Für Niki hingegen sind Juden etwas Außergewöhnliches, weil sie, obwohl sie in der Minderheit waren und sind, zahlreiche berühmte Persönlichkeiten hervorgebracht haben. Dieser Stolz verwundert, da, wie oben beschrieben, sowohl Liesl als auch Ruth immer bestrebt waren, ihr Jüdischsein zu verbergen, und alles andere als stolz auf ihr Judentum waren.

Nachwort
von **Anton Pelinka**

Vilma Steindlings Leben ist repräsentativ für das Leben ihrer Generation in der schrecklichen ersten Hälfte des 20. Jahrhunderts, als aus einer politischen Unordnung eine wahnsinnige Ordnung entstand, die Menschen millionenfach vernichtete; als aber auch in dieser Zeit die Hoffnung nicht starb, den Irrsinn, der in deutscher Uniform auftrat, überleben zu können; als der Mut nicht unterging, der Herrschaft der Mörder etwas entgegensetzen zu können.

Vilma Steindlings Leben ist repräsentativ für das Leben derjenigen Menschen in Europa, die sich der totalen Herrschaft des Menschen über den Menschen widersetzten und alles nur Mögliche taten, um den braunen Todesschleier zu heben, der sich über fast den ganzen Kontinent ausgebreitet hatte: Vilma Steindling steht für den Widerstand, für die Résistance, für das »Trotz alle dem« der aktiven Gegnerinnen und Gegner der Herrschaft des prominentesten, des meistzitierten Österreichers aller Zeiten.

Vilma Steindlings Leben ist repräsentativ für das Leben der erschreckend kleinen Zahl aus der Millionenschar der als »jüdisch« punzierten Menschen, die nach der Befreiung von Konzentrations- und Vernichtungslagern ihre Hoffnung und ihren Mut in den politischen Kampf für eine bessere Welt umsetzten und die nur zu oft erkennen mussten, dass diese bessere Welt nicht von der erträumten, von der erwünschten Schönheit war. Dass das Leben auch nach Auschwitz, auch nach Ravensbrück weiterging, dass es voll von Enttäuschungen und auch Irrungen war, dafür steht Vilma Steindling.

Vilma Steindlings Leben ist repräsentativ für das Leben derer, die wegen der erdrückenden Schatten der Vergangenheit auch das Leben der nächsten und der übernächsten Generation prägten: das Leben der Kinder und der Kindeskinder. Die Prägung über Generationen ist ganz offenkundig unvermeidlich, soll auch gar nicht vermieden werden: Vergessen, »Bewältigen« kann nicht stattfinden, und vor allem darf und soll es nicht stattfinden.

Vilma Steindlings Leben ist repräsentativ für das Leben derer, die – gegen ihren Willen – für ihre zumeist feindselige, ihre nur zu oft aggressive Umwelt als Angehörige einer »Rasse« galten, die erst erfunden werden musste, damit sie ausgesondert, beraubt, vertrieben, ausgemordet werden konnte. Jüdische Identität jenseits individueller religiöser Entscheidung, aufgezwungen von einer judenfeindlichen Gesellschaft: Das war die Voraussetzung, die dazu führte, dass diese Menschen, für die Vilma Steindling steht, in Vernichtungslager wie Birkenau und in die Gruben des Massenmordes wie die von Babi Jar getrieben wurden.

Vilma Steindlings Leben ist nicht repräsentativ für das Leben derer, die immer wieder zur »Normalität« zurückkehren wollen, und das möglichst rasch und wenn möglich sofort. Der Herrschaft der Mörder, die ihre Opfer ohne den persönlichen Hass eines Menschen gegen einen Menschen, ohne die ökonomische Rationalität eines Ausbeutungsinteresses, ohne nachvollziehbare Auswahlkriterien einfach mordeten, letztendlich nur deshalb, weil sie Mordopfer brauchten: Das erweist die Shoah als Selbstzweck, als letztes und entscheidendes Qualitätsmerkmal der Herrschaft des Nationalsozialismus.

Vilma Steindlings Leben vermittelt die Erkenntnis, dass die real gegebene Alternative zur absolut negativen, absolut bösen Utopie des Nationalsozialismus nicht eine absolut positive, absolut gute Utopie ist – sondern das ständige Bemühen des Sisyphos, nach oben, zum Licht zu gelangen; und das unermüdliche Bohren dicker, harter Bretter, mit Augenmaß, aber auch mit Leidenschaft. Das philosophische Bild, entworfen von Albert Camus, und das Politikverständnis, wie es Max Weber vermittelt – beide vermitteln das, was Vilma Steindlings Leben zeigt: immer und immer wieder neue Anläufe zu beginnen, immer und immer wieder sich für das relativ Bessere einzusetzen.

Vilma Steindlings Leben zu schildern, zu analysieren – das ist die Aufgabe dieses Buches: Festzuhalten waren die Widerständigkeit einer Frau, ihr Lebenswille, ihre Sehnsucht nach einer zukunftsweisenden politischen Botschaft. Alles das findet sich in diesem Buch. Und wir verstehen, wie wichtig das Leben dieser Frau war – weil dieses Leben das Leben ihrer Kinder und Kindeskinder prägte; und weil dieses Leben aufzeigt, was es bedeutet, in einer Welt jenseits konstruierter »Normalität« zu leben.

Anton Pelinka
Professor of Nationalism Studies and Political Science,
Central European University, Budapest

Anhang

Zitate in der Originalsprache

Irma Mico: S. 28 ((Seitenzahlen im Umbruch korr.))
»Mais malgré tout sur le coup, ça m'a posé des problèmes, ça m'a tracassée, c'était tellement contre nature. J'ai un peu tiqué, mais on m'a expliqué que c'était une ruse de Staline. Il était tellement intelligent que ça ne pouvait pas être une erreur. J'ai donc comme beaucoup fini par avaler la couleuvre.«

Zitiert nach Claude Collin: S. 31
»Il est particulièrement réconfortant en ces temps de malheur de voir de nombreux travailleurs parisiens s'entretenir amicalement avec les soldats allemands, soit dans la rue, soit au bistro du coin. Bravo, camarades, continuez, même si cela ne plaît pas à certains bourgeois aussi stupides que malfaisants.«

Yvette Sémard: S. 63
»Alors, Madame, vous toussez, dites-vous?
Oui, docteur.
Quand toussez-vous, le jour ou la nuit?
Les deux, docteur.
Approchez.
Alors là, je reste médusée de ce que je vois et entends: Paule a sur le dos des sous-vêtements chauds, un tailleur en laine, une veste de laine et, au-dessus de tout cela, une ›moumoutte‹: eh bien, croyez-moi, c'est ainsi équipée que le docteur l'a auscultée. Le dialogue reprend:
Alors, Madame, quand toussez-vous le plus, debout ou allongée?

Couchée, docteur.
Alors, restez debout!
Puis s'adresse à l'infirmière:
Donnez-lui deux cachets d'aspirine.
Je suis outrée.«

Marie-Claude Vaillant-Couturier: S. 7
»Mais nous savions qu'il fallait vivre, vivre à toute force, parce qu'il fallait que le monde sache que de telles choses étaient possibles. Nous mêmes qui les voyions, avions du mal à y croire. Il fallait à tout prix sortir vivantes de là pour raconter au monde ce que les fascistes avaient fait des hommes et des femmes dont le seul crime était d'aimer la liberté et de lutter pour l'indépendance de leur pays.«

Primo Levi: S. 71
»[...] che anche in questo luogo si può sopravvivere, e perciò si deve voler sopravvivere, per raccontare per portare testimonianza; e che per vivere è importante sforzarci di salvare almeno lo scheletro, l'impalcatura, la forma della civiltà.«

Marie-Claude Vaillant-Couturier: S. 78
»[...] les paillasses n'étaient jamais changées, à moins qu'elles soient complètement pourries. Les malades étaient couchées quatre par lit, avec des maladies différentes. Les femmes qui y rentraient pour une plaie aux jambes, par exemple, n'en ressortaient pas car ils y attrappaient le typhus ou la dysenterie. On laissait les mortes couchées plusieurs heures avec les malades et il y avait tellement de poux qu'on les voyait grouiller sur les couvertures comme des fourmis. La nuit, d'énormes rats, gros comme des chats couraient à travers les pièces et s'attaquaient même aux mourantes quand elles n'avaient plus la force de se défendre.«

Irma Mico: S. 122
»Mais encore une fois, nous avons été très longs à nous défaire du communisme, à nous désintoxiquer, à nous déprogrammer, comme

on dirait aujourd'hui, et de prendre conscience de la nature réelle et de la perversion de ce système. Ça ne veut pas dire que nous avons renoncé à nos idéaux de la jeunesse. Je me sens toujours de gauche, je suis toujours révoltée par l'injustice, je condamne toujours le racisme et l'antisémitisme, mais je ne me sens plus communiste.«

Primo Levi: S. 139
»Si sentono i dormienti respirare e russare, qualcuno geme e parla. Molti schioccano le labbra e dimenano le mascelle. Sognono di mangiare: anche questo è un sogno collettivo. È un sogno spietato, chi ha creato il mito di Tantalo doveva conoscerlo.«

Interviews und Gespräche

Amesberger, Helga: Interview mit Lotte Brainin, geführt von Helga Amesberger, der erste Teil wurde am 4. April 1999 und 8. Juni 1999 geführt, der zweite Teil am 22. Juni 1999 im Rahmen der Studie »Vom Leben und Überleben. Wege nach Ravensbrück« von Helga Amesberger, Brigitte Halbmayr u. a. (Institut für Konfliktforschung).

Etzersdorfer, Irene: Interview mit Vilma Steindling, Wien, am 7. September 1983.

Erdheim, Claudia und Steindling, Ruth: Gespräch mit Elisabeth Bittner, Wien, am 6. Dezember 2015.

Erdheim, Claudia und Steindling, Ruth: Gespräch mit Daniela Pattart, Wien, am 1. Dezember 2015.

Schafranek, Hans: Interview mit Lotte Brainin, 28.4.1983 (Teil V), Wien 1983.

Schafranek, Hans: Interview mit Antonie Lehr, Wien 1983.

Schafranek, Hans: Interview mit Gerti Schindel, Wien 1983

Steindling, Ruth: Interview mit Irma Miko, Paris, Oktober 2015

Steindling, Ruth: Interview mit Thea Scholl, Wien 2005 und 2015

Steindling, Ruth: Interview mit Irma Schwager, Wien 2015

Zöchling, Christa: Interview mit Irma Schwager. In der Wochenzeitschrift *profil* am 4. Mai 2015.

Nachrufe

Lotte Brainin: Nachruf auf Vilma Steindling, maschingeschriebenes Manuskript, 1989.

Gerda Rodel: Nachruf auf Vilma Steindling, maschingeschriebenes Manuskript, 1989.

Internetquellen

Felix Kreissler: L'audacieux défi du travail anti-allemand, http://www. fndirp.asso.fr/wp-content/uploads/2013/10/Me%CC%81moire-Keissler1.pdf. Zuletzt aufgerufen am 29.12.2015.

o. A.: *Task Force for International Cooperation on Holocaust Education, Remembrance, and Research* (ITF) https://de.wikipedia.org/wiki/ Staatliches_Museum_Auschwitz-Birkenau. Zuletzt aufgerufen am 29.12.2015.

o. A.: http://de.wikipedia.org/wiki/%C3%96sterreichische_Identit% C3%A4t#Entwicklungen_in_der_Ersten_Republik Zuletzt aufgerufen am 29.12.2015

o. A.: https://de.wikipedia.org/wiki/Sammellager_Drancy Zuletzt aufgerufen am 29.12.2015

o. A.: https://de.wikipedia.org/wiki/Joachim_Caesar Zuletzt aufgerufen am 29.12.2015.

o. A.: https://de.wikipedia.org/wiki/Heinrich_Gross#Am_Spiegelgrund. Zuletzt aufgerufen am 29.12.2015.

o. A.: https://de.wikipedia.org/wiki/USIA#Betriebe_im_USIA-Konzern. Zuletzt aufgerufen am 29.12.2015.

Medien

Sendung Club 2: »Freuden des Gehorsams. Die Welle«. Club 2 vom 6. September 1983, DVD.

Film von Ulrike Ottinger, 5 DVDs, Dauer: 275 Minuten, »Exil Shanghai«. Berlinale 1997.

Film von André Miko und Yonathan Levy: »Das Kind« (über Irma Miko). Paris 2010.

Elisabeth Brainin, Interviews mit Vilma, Ruth und Elisabeth Steindling, CDs (nicht transkribiert).

Archive

Frankreich

Archives de la Préfecture de la Police, Paris

Archives départementales de Montauban

Archives départementales de la Gironde, Bordeaux

Archives Nationales, Paris

Cabinet-SMAC-Patrimoine. Service de la Mémoire et des Affaires Culturelles

Centre de conservation et de consultation. Musée de la Résistance Nationale, Champigny sur Marne

Département et ville de Paris. Archives départementales et communales

Etablissement pénitentiaire de Fresnes/Archives judiciaires et officiers publics et ministériels. Archives départementales de l'Oise, Beauvais

Gedenkstätte Drancy

Gedenkstätte Romainville (Fort de Romainville)

Hôtel de Ville. Archives et documentations, Eaubonne

Mairie de Ermont (Val d'Oise), Ermont

Mairie de Grisolles (Tarn et Garonne)

Mairie de Montauban

Mairie de Pompignan

Mémorial National de Gurs. Amical du camp de Gurs

Mémorial de la Shoah, Paris
Ministère de la Défense (zuständig für die Festung von Romainville)
Musée de la Réssistance, Montauban
ONAC – Office national des anciens combattants et victimes de guerre, Paris

Österreich

Archiv der Israelitischen Kultusgemeinde, Wien
Dokumentationsarchiv des Österreichischen Widerstands, DÖW
Altes Rathaus, Wien
KZ und Gedenkstätte Mauthausen
Landesarchiv St. Pölten
Mauthausen Memorial Archives im Bundesministerium für Inneres
Österreichisches Staatsarchiv
Stadtarchiv Neulengbach
Stadtarchiv St. Pölten
Wiener Stadt- und Landesarchiv

Slowakei

Štátny archív v Bratislave

Deutschland

Archiv Stiftung Gedenkstätten Buchenwald und Mittelbau-Dora, Weimar
Bundesarchiv Berlin, Berlin Lichterfelde
Bundesarchiv Koblenz
KZ-Gedenkstätte Dachau
Internationaler Suchdienst Bad Arolsen
Mahn- und Gedenkstätte Ravensbrück
Stiftung Denkmal für die ermordeten Juden Europas, Berlin

Polen

Gedenkstätte Museum Gross-Rosen
Staatliches Museum Auschwitz-Birkenau

Anmerkungen

1 Irene Etzersdorfer, Kassette A, S. 3.
2 Ebd., S. 4.
3 Claudia Erdheim, Längst nicht mehr koscher, Wien 2006.
4 https://de.wikipedia.org/wiki/Schattendorfer_Urteil
5 Ebd., S. 4.
6 Ebd., S. 5.
7 Ebd., S. 8.
8 Ebd., S. 9f.
9 Special-Orts-Repertorien von Nieder-Österreich, Hs: K. u. k. Central Statistische Central-Commission, 1892, S. 71.
10 https://de.wikipedia.org/wiki/Minjan.
11 Christoph Lind, Kleine jüdische Kolonien, Juden in Niederösterreich 1782 bis 1914, Wien 2013, S. 148.
12 https://de.wikipedia.org/wiki/Mikwe.
13 Lind (2013), S. 148.
14 L'ubica Hricová, Stupavskí rabíni v 19. Storoci, S. 114–120.
15 Volkszählung in den Ländern der ungarischen Krone vom Jahr 1900, S. 60f.
16 Wolfdieter Bihl, Das Judentum Ungarns 1718–1914, in: Studia Judaica Austriaca Bd. III, Studien zum ungarischen Judentum 1976, S. 22ff.
17 Ebd., S. 7 Ein »Scherm« ist ein witzig gemeinter wienerischer Ausdruck für Hut.
18 Angelika Königseder, Antisemitismus 1933–1938, in: Emmerich Tálos, Wolfgang Neugebauer (Hg): Austrofaschismus, Politik – Ökonomie – Kultur. 1933–1938, Wien 2005, S. 54–65.
19 Ebd., S. 14f.
20 Ebd., S. 15f.
21 Beiträge zur kommunistischen Jugendbewegung Österreich. S. 28.
22 http://de.wikipedia.org/wiki/Wir_sind_des_Geyers_schwarzer_Haufen
23 Irene Etzersdorfer, S. 16, CD 1.
24 Steindling, Interview mit Thea Scholl.
25 Beiträge zur kommunistischen Jugendbewegung in Österreich. Hg.

von der historischen Kommission beim ZK der KPÖ, Wien 1986. S. 38.

26 Irene Etzersdorfer, S. 19, CD 1.

27 Siehe auch Stoppacher Robert, Die Anschluss-Propaganda der Illegalen NS-Presse in Österreich 1933–1938, Wien 1983.

28 https://de.wikipedia.org/wiki/L%C3%A9on_Blum

29 Österreicher im Exil (1984), S. 5.

30 https://de.wikipedia.org/wiki/Internationale_Rote_Hilfe

31 Biographisches Handbuch der deutschsprachigen Emigration nach 1933, S. 715.

32 Ernst Schwager, Die Österreichische Emigration in Frankreich 1938–1945, S. 42.

33 Ebd., S. 21.

34 Siehe auch: http://de.wikipedia.org/wiki/%C3%96sterreichische_ Identit%C3%A4t#Entwicklungen_in_der_Ersten_Republik

35 Alfred Klahr war ein österreichischer Staatswissenschaftler, Journalist und Kommunist.

36 Österreicher im Exil (1984), S. 13

37 Irene Etzersdorfer, S. 33

38 Halbmayr, Zeitlebens konsequent, Hermann Langbein 1912–1995, S. 55.

39 Interview Schafranek mit Gerti Schindel, Teil 3, Kassette 1, Seite A, S. 5.

40 Halbmayr (2012), S. 55.

41 Claude Collin, Le »Travail allemand«, une organisation de résistance au sein de la Wehrmacht, Paris 2013, S. 59. Übersetzung aus dem Französischen von Ruth Steindling.

42 Österreicher im Exil (1984), S. 44.

43 Irma Schwager, S. 69.

44 http://de.wikipedia.org/wiki/Stade_Olympique_Yves-du-Manoir

45 Siehe: https://de.wikipedia.org/wiki/Sitzkrieg

46 Strobl, Die Angst kam erst danach, Jüdische Frauen im Widerstand 1939–1945, S. 102.

47 Zitiert nach Claude Collin, L'été des Partisans, Les F.T.P. et l'organisation de la Résistance en Meuse, Nancy 1992, S. 18.

48 Übersetzung: Ingrid Strobl, S. 102.
49 Der folgende Bericht lehnt sich an Gerda Rodels Nachruf auf Vilma Steindling an.
50 Lotte Brainin, Nachruf.
51 Gerda Rodel, Nachruf.
52 Wienerisch für *hässlich*.
53 Interview Brainin, CD 1.
54 Claude, Collin, Le »Travail Allemand«, une organisation de résistance dans la Wehrmacht, Paris 2013, S. 68.
55 Témoignage de Artur London in Notre Combat. Interviews des résistants autrichiens en France, S. 101.
56 Claude Collin, Le »Travail allemand«, une organisation de résistance au sein de la Wehrmacht, Paris 2013, S. 8.
57 Irene Etzersdorfer, S. 41
58 Irene Etzersdorfer, Teil I, Kassette 1, Seite A (I), S. 32.
59 Lapin Eleonore, Jüdische Lebenserinnerungen, Rekonstruktionen von jüdischer Kindheit und Jugend im Wien der Zwischenkriegszeit, S. 29, in: Stern Frank, Barbara Eichinger (Hg): Wien und die jüdische Erfahrung 1900-1938. Akkulturation – Antisemitismus – Zionismus, Wien 2009.
60 Irma Schwager, Das Anbandeln hab ich erst lernen müssen, in: Der Himmel ist blau. Kann sein: Frauen im Widerstand. Österreich 1938–1945, Wien 1985, S.181f.
61 Antonie Lehr: Soldat im Westen, in: F. R. Reiter (Hg.), Unser Kampf in Frankreich für Österreich, Interviews mit Widerstandskämpfern, Wien, Köln, Graz 1984, S. 124.
62 Tilly Spiegel, Österreicher in der belgischen und französischen Résistance, Wien 1969, S. 39.
63 Irma Schwager, Interview in der österreichischen Wochenzeitschrift *profil* vom 4. Mai 2015 von Christa Zöchling, S. 31.
64 Österreicher im Exil (1984), S. 26, ferner Reiter, Unser Kampf, (1984), S. 124.
65 Claude Collin: Le »Travail allemand«, une organisation de résistance au sein de la Wehrmacht. Paris 2013, S. 65.
66 Steindling, Interview mit Irma Schwager.

67 *profil*, S. 34.

68 Irma Schwager, Das Anbandeln hab ich erst lernen müssen, in: Der Himmel ist blau. Kann sein: Frauen im Widerstand. Österreich 1938–1945, Wien 1985, S. 184.

69 Interview Irma Schwager, *profil*, S. 30.

70 Claude Collin, Le »Travail allemand«, une organisation de résistance au sein de la Wehrmacht. Paris 2013, S. 12.

71 Irma Schwager, Das Anbandeln hab ich erst lernen müssen, in: Der Himmel ist blau. Kann sein: Frauen im Widerstand. Österreich 1938-1945, Wien, S. 184.

72 Mico im Gespräch mit Ruth Steindling.

73 Österreicher im Exil (1984), S. 183.

74 Clara Fritsch, Rollenwechsel, Identitätskonstruktion im antifaschistischen Widerstand, skizziert am Beispiel von Ida und Moritz Margulies, in: Helmut Kramer (Hg.), Österreichische Nation – Kultur – Exil und Widerstand. In memoriam Felix Kreissler, Wien, Berlin 2006, S. 193.

75 Friederike Weizenbaum, Leider ohne Waffe, in: F. R. Reiter (Hg.), Unser Kampf, In Frankreich für Österreich, Interviews mit Widerstandskämpfern, Wien, Köln, Graz 1984, S. 147.

76 Irene Etzersdorfer, 2. Teil, S. 22.

77 Irene Etzersdorfer, Teil II, Kassette 1, Seite A, Transkription S. 6.

78 Interview mit Ruth Steindling.

79 Brigitte Halbmayr, Zeitlebens konsequent, Hermann Langbein 1912–1995, Eine politische Biografie, Wien 2012, S. 59.

80 »Die Feldgendarmerie stellte den Großteil der deutschen Polizeikräfte in Frankreich.« Ihr Aufgabenbereich umfasste neben dem Truppendienst und der Arbeit für die Kriegsgerichte auch noch Streifendienst, Personenkontrollen und vieles mehr. Siehe dazu Bernd Kasten, »Gute Franzosen«, Die französische Polizei und die deutsche Besatzungsmacht im besetzten Frankreich 1940–1944, Stuttgart 1993, S. 18.

81 Irene Etzersdorfer, Teil II, Kassette 1, Seite A (I), S. 14.

82 In beiden Interviews, Brainin CD1.

83 Brainin CD 1, Gurgl: hochdeutsch Kehle.

84 Irene Etzersdorfer, 2. Teil, S. 34.
85 https://de.wikipedia.org/wiki/Gef%C3%A4ngnis_Fresnes
86 Irene Etzersdorfer, 2. Teil, Seite B, S. 32.
87 Ebd., 2. Teil, S. 36.
88 Irene Etzersdorfer, 2. Teil, S. 36.
89 Ebd.
90 Ebd.
91 Ebd., S. 37.
92 Ebd., S. 38.
93 Ebd., S. 32.
94 Irene Etzersdorfer, Teil II, Kassette 1, Seite A (I), S. 37.
95 Irene Etzersdorfer, S. 40.
96 Thomas Fontaine, Les Oubliés de Romainville, Un Camp Allemand en France (1940–1944), Paris 2005, S. 16.
97 Ebd., S. 20f.
98 Ebd., S. 119
99 Ebd., S. 32
100 Ebd., S. 51
101 Ebd., S. 19
102 Fontaine (2005), S. 88.
103 Ebd., S. 94. Übersetzung: Ruth Steindling.
104 Ebd., S. 95.
105 Ebd., S. 99.
106 Gilbert Badia, Les Autrichiens dans les camps, in: Paul Pasteur et Félix Kreissler: Les Autrichiens dans la Résistance, Rouen 1996, S. 70.
107 Yvette Sémard, En Souvenir de l'Avenir, Au jour les jours dans les camps de Vichy (1942–1944), Paris 1991, S. 21. Übersetzung: Ruth Steindling.
108 https://de.wikipedia.org/wiki/Sammellager_Drancy
109 Ebd.
110 Adler, H. G., Langbein, Hermann, Lingens-Reiner, Ella (Hg.), Auschwitz, Zeugnisse und Berichte, Frankfurt am Main 1962, S. 75.
111 Vaillant-Couturier, M. C., Mes 27 mois entre Auschwitz et Ravensbrück, Paris 1946, S. 10. Übersetzung: Ruth Steindling.
112 Irene Etzersdorfer, S. 47.

[113] Irene Etzersdorfer, Kassette 2, Seite A (III), S. 50.

[114] Ebd., S. 50.

[115] Hermann Langbein, Menschen in Auschwitz, Wien 1972, S. 37.

[116] Genauere Informationen über die verschiedenen Winkel siehe ebd., Wien 1972, 27f.

[117] Ebd., S. 50.

[118] Mali Fritz, Essig gegen den Durst – 565 Tage in Auschwitz-Birkenau, Wien 1986, S. 14.

[119] Ebd., S. 15.

[120] Götz Hütt, Das Außenlager des KZ Buchenwald in Duderstadt, Norderstedt 2005, S. 34.

[121] Amesberger, Teil 2, S. 41.

[122] Hermann Langbein, Menschen in Auschwitz, Wien 1972, S. 40.

[123] Irene Etzersdorfer, Kassette 2, Seite A, (III), S. 52.

[124] Ebd., Kassette 2, Seite A, (III), S. 55.

[125] Amesberger mit Brainin, CD 4.

[126] Vaillant-Couturier, M. C., Mes 27 mois entre Auschwitz et Ravensbrück, Paris 1946, S. 8. Übersetzung: Ruth Steindling.

[127] Primo Levi, Se questo è un uomo, Torino 1958, S. 39.

[128] Adler, H. G., Langbein, Hermann, Lingens-Reiner, Ella (Hg.), Auschwitz, Zeugnisse und Berichte, Frankfurt 1962, S. 112.

[129] Hermann Langbein, Menschen in Auschwitz, Wien 1972, S. 26.

[130] Ebd., S. 98.

[131] Irene Etzersdorfer, Teil II, Kassette 2, Seite A (III), S. 49.

[132] Genauere Darstellung der Zustände im Mädchenorchester finden sich in: Anita Lasker-Walfisch, Ihr sollt die Wahrheit erben, Die Cellistin von Auschwitz, Erinnerungen, Hamburg 2000.

[133] Adler, H. G., Langbein, Hermann, Lingens-Reiner, Ella (Hg.), Auschwitz, Zeugnisse und Berichte, Frankfurt 1962, S. 114.

[134] Ebd., S. 293.

[135] Hermann Langbein, Menschen in Auschwitz, Wien 1972, S. 32.

[136] Vgl. dazu Brigitte Halbmayr, Zeitlebens konsequent, Hermann Langbein 1912–1995, Eine politische Biografie, Wien 2012, S. 268.

[137] Ebd., S. 58.

[138] Karin Berger, Elisabeth Holzinger, Lotte Podgornik, Lisbeth N. Tal-

lori, Ich gab dir einen Mantel, dass du ihn noch in Freiheit tragen kannst, Widerstehen im KZ, Wien 1987, S. 228.

[139] Ber Mark, Des voix dans la nuit, La résistance juive à Auschwitz, Paris 1977, S. 42. Übersetzung: Ruth Steindling.

[140] Ebd., S. 30. Übersetzung: Ruth Steindling.

[141] Amesberger, Teil I, S. 59.

[142] Fritz Mali, Essig gegen den Durst – 565 Tage in Auschwitz-Birkenau, Wien 1986, S. 103.

[143] Irene Etzersdorfer, S. 59.

[144] Sarah Helm, Ohne Haar und ohne Namen, Im Frauen-Konzentrationslager Ravensbrück, Darmstadt 2016, S. 121.

[145] Hermann Langbein, Menschen in Auschwitz, Wien 1972, S. 46.

[146] Vaillant-Couturier, M. C., Mes 27 mois entre Auschwitz et Ravensbrück, Paris 1946, S. 18. Übersetzung: Ruth Steindling.

[147] Adler, H. G., Langbein, Hermann, Lingens-Reiner, Ella (Hg.), Auschwitz, Zeugnisse und Berichte, Frankfurt 1962, S.127.

[148] Hermann Langbein, Menschen in Auschwitz, Wien 1972, S. 90.

[149] Irene Etzersdorfer, S. 62.

[150] Irene Etzersdorfer, S. 64.

[151] Hermann Langbein, Menschen in Auschwitz, Wien 1972, S. 165.

[152] Ebd., S. 32.

[153] Ber Mark, Des voix dans la nuit, La résistance juive à Auschwitz, Paris 1977, S. 101.

[154] Ebd., S. 101f.

[155] Hermann Langbein, Menschen in Auschwitz, Wien 1972, S. 165.

[156] https://de.wikipedia.org/wiki/Joachim_Caesar

[157] Auch Primo Levi hatte als Chemiker in Monowitz etwas bessere Bedingungen. Vgl. Primo Levi, Se questo è un uomo, Torino 1958, S. 63.

[158] Irene Etzersdorfer, S. 67.

[159] Amesberger, Teil II, S. 42.

[160] Irene Etzersdorfer, S. 71.

[161] Amesberger, Teil II, S. 49.

[162] http://www.wollheim-memorial.de/de/raeumung_des_lagerkomplexes_auschwitz_der_todesmarsch

[163] Bernhard Strebel, Das KZ Ravensbrück, Geschichte eines Lager-komplexes, in: Matussek, Paul, Die Konzentrationslagerhaft und ihre Folgen, Psychiatry Series, Band 2. 1971, Berlin 2003, S. 461f.

[164] Lotte Brainin, Biographische Notizen, Wien 2005, S. 7.

[165] Ebd., S. 9.

[166] Ebd.

[167] Bernhard Strebel, Das KZ Ravensbrück, Geschichte eines Lager-komplexes, in: Matussek, Paul, Die Konzentrationslagerhaft und ihre Folgen, Psychiatry Series, Band 2. 1971, Berlin 2003, S. 462.

[168] Sarah Helm, Ohne Haar und ohne Namen, Im Frauen-Konzentra-tionslager Ravensbrück, Darmstadt 2016, S. XI.

[169] Ebd., S. 109.

[170] https://de.wikipedia.org/wiki/Nacht-und-Nebel-Erlass. Ferner Sarah Helm, Ohne Haar und ohne Namen, Im Frauen-Konzentrations-lager Ravensbrück, Darmstadt 2016, S. 403.

[171] Sarah Helm, Ohne Haar und ohne Namen, Im Frauen-Konzentra-tionslager Ravensbrück, Darmstadt 2016, S. 23.

[172] Siehe dazu Danuta Wesolowka, Wörter aus der Hölle, Die »lager-szpracha« der Häftlinge von Auschwitz, Kraków 1998.

[173] Irene Etzersdorfer, Teil III, Kassette 1, Seite A (I), S.11.

[174] Margarete Buber-Neumann, Als Gefangene bei Stalin und Hitler, Stuttgart 1978.

[175] Sarah Helm, Ohne Haar und ohne Namen, Im Frauen-Konzentra-tionslager Ravensbrück, Darmstadt 2016, S. 107.

[176] Margarete Buber-Neumann, Als Gefangene bei Stalin und Hitler, Stuttgart 1978, S. 368

[177] Sarah Helm, Ohne Haar und ohne Namen, Im Frauen-Konzentra-tionslager Ravensbrück, Darmstadt 2016, S. 434.

[178] Johann Schwarzhuber, 15. August 1946, WO 235/309, zitiert nach Sarah Helm, Ohne Haar und ohne Namen, Im Frauen-Konzentra-tionslager Ravensbrück, Darmstadt 2016, S. 556.

[179] Sarah Helm, Ohne Haar und ohne Namen, Im Frauen-Konzentra-tionslager Ravensbrück, Darmstadt 2016, S. 602.

[180] Ebd., S. 609.

[181] Ebd., S. 612.

182 Internationaler Militärgerichtshof Nürnberg, der Prozess, Band VI, S. 253.

183 Sarah Helm, Ohne Haar und ohne Namen, Im Frauen-Konzentrationslager Ravensbrück, Darmstadt 2016, S. 560.

184 https://de.wikipedia.org/wiki/Folke_Bernadotte

185 Sarah Helm, Ohne Haar und ohne Namen, Im Frauen-Konzentrationslager Ravensbrück, Darmstadt 2016, S. 612.

186 Ebd., S. 631.

187 Ebd., S. 624.

188 Brainin, CD 4.

189 Sarah Helm, Ohne Haar und ohne Namen, Im Frauen-Konzentrationslager Ravensbrück, Darmstadt 2016, S. 561.

190 Ebd., S. 610.

191 Ebd., S. 609.

192 Brainin, CD 3.

193 Ebd.

194 E-Mail vom 23. Juli 2015 von André Scharf. KZ-Gedenkstätte Dachau.

195 Brainin, CD 3.

196 Meldezettel vom 6. November 1945 bis 4. Dezember 1945, Nußdorferstraße 61/61.

197 Brainin, CD 3.

198 Ebd.

199 Amesberger, Teil I, S. 79.

200 Brigitte Halbmayr, Zeitlebens konsequent, Hermann Langbein 1912–1995, Eine politische Biografie, Wien 2012, S.130.

201 Johann Koplenig, Ernst Fischer, Friedl Fürnberg, Franz Honner u. a.

202 Ansuchen um Nachsicht von der Registrierung von Franz Beran an die Registrierungsmeldestelle für den 19. Bezirk vom 8. Juni 1946. WStLA, M. Abt 119, A 42-NS Registrierung: XIX Bezirk, 4732, Franz Beran.

203 Ebd., CD 3.

204 Dolly Steindling, Meine Jugend, Ein Bericht, Wien 1990.

205 Brainin, CD 3.

[206] Brainin, CD 4.

[207] Ebd.

[208] https://de.wikipedia.org/wiki/Achsenm%C3%A4chte

[209] Kaplan: Von Wien nach Shanghai. Franziska Tausig: Shanghai Passage. Emigration ins Ghetto. (DVD)

[210] Trotzkisten waren auch Marxisten, wichen aber von Stalins Doktrin ab und waren somit für Stalin Staatsfeinde, die er ausnahmslos verfolgte.

[211] Fritz Heinrich, Stationen meines Lebens. Biografische Texte zur Geschichte der österreichischen Arbeiterbewegung. S. 164

[212] Der Wurstelprater ist ein Vergnügungspark und Naherholungsgebiet im 2. Bezirk.

[213] Claude Collin, Le »Travail Allemand«, une organisation de résistance au sein de la Wehrmacht, Articles et témoignages, Paris 2013, S. 78. Übersetzung: Ruth Steindling.

[214] Peter Stephan Jungk, Die Dunkelkammer der Edith Tudor-Hart, Geschichte eines Lebens, Frankfurt am Main 2015.

[215] Der Standard vom 12. Dezember 2015, Album S. 5.

[216] Ebd., CD 4.

[217] Ebd.

[218] Evelyn Adunka, Antisemitismus in der Zweiten Republik, Ein Überblick anhand einiger ausgewählter Beispiele, in: Wassermann, Heinz P. (Hg), Antisemitismus in Österrcich nach 1945. Ergebnisse, Positionen und Perspektiven der Forschung, Innsbruck 2002, S. 16.

[219] Ebd., S. 17.

[220] Ebd., S. 16f.

[221] »Wiener Montag« (bis 1969) und »Wiener Samstag« (bis 1977).

[222] https://de.wikipedia.org/wiki/Heinrich_Gross#Am_Spiegelgrund

[223] Ebd., CD 5.

[224] Interview Brainin mit Liesl, CD 1.

[225] Ebd.

[226] Ebd., CD 4.

[227] Ebd.

[228] Ebd.

[229] Ebd.

[230] Judith Lewis Herman, Die Narben der Gewalt, Traumatische Erfahrungen überstehen und überwinden, Paderborn 2003, S. 73.

[231] Ebd., CD 4.

[232] Ebd.

[233] Irma Trksak, Ich gebe dir einen Mantel, daß du ihn noch in Freiheit tragen kannst, Wien 1987, S. 120.

[234] Langbein, S. 536

[235] Ebd.

[236] Ebd., CD 4.

[237] Brainin mit Liesl, CD 1.

[238] Brainin mit Vilma, CD 4.

[239] Ebd.

[240] Ebd.

[241] Ebd.

[242] Interview Brainin mit Ruth, CD 1.

[243] Ebd., CD 4.

[244] Mali Fritz, Essig gegen den Durst – 565 Tage in Auschwitz-Birkenau, Wien 1986, S. 137.

[245] Ebd., CD 4.

[246] Ebd.

[247] Ebd.

[248] Brainin mit Ruth, CD 1.

[249] Siehe dazu Paul Matussek, Die Konzentrationslagerhaft und ihre Folgen, Berlin 1971.

[250] Brainin, CD 5.

[251] Primo Levi, Se questo è un uomo, Torino 1958, S. 101 (deutsche Fassung, S. 71).

[252] Ebd. (dt. Fassung, S. 59).

[253] Brainin, CD 5.

[254] https://de.wikipedia.org/wiki/Staatliches_Museum_Auschwitz-Birkenau

[255] Ebd., CD 4.

[256] Ebd.

[257] Ebd.

[258] Mali Fritz, Essig gegen den Durst – 565 Tage in Auschwitz-Birke-

nau, Wien 1986, S. 8

259 Brainin, CD 4.

260 Interview Brainin mit Ruth, CD 1.

261 Ebd.

262 Ebd.

263 Brainin, CD 1.

264 Ebd.

265 Ebd.

266 Steindling, Meine Jugend, Ein Bericht, Wien 1990.

267 Amesberger, Teil I, S. 91.

268 Brainin, Ruth, CD 1.

269 Ebd.

270 Zwei Palästinenser stürmten während einer Bar-Mizwa-Feier am 29. August 1981 den Tempel in der Seitenstettengasse in Wien. Zwei Menschen kamen dabei ums Leben.

271 Ebd., CD 1.

272 Interview Brainin mit Ruth, CD 2.

273 Ebd.

274 Ebd.

275 Ebd.

276 Ebd.

277 Ebd.

278 Ebd., CD 1.

279 Ebd.

280 Ebd.

281 Ebd.

282 Ebd., CD 2.

283 Ebd.

284 Ebd., CD 1.

285 Ebd.

286 Gespräch mit Elisabeth Bittner vom 3. Jänner 2016.

287 Ebd., CD 1.

288 Ebd., CD 2

289 Ebd.

290 Ebd.

[291]   Ebd.
[292]   Ebd.
[293]   Ebd.
[294]   Ebd.
[295]   Interview mit Daniela

Quellen und Literatur

Adler, H.G., Langbein, Hermann, Lingens-Reiner, Ella (Hgg.), Auschwitz, Zeugnisse und Berichte, Frankfurt am Main 1962.

Adunka, Evelyn, Antisemitismus in der Zweiten Republik, Ein Überblick anhand einiger ausgewählter Beispiele, in: Wassermann, Heinz. P. (Hg.), Antisemitismus in Österreich nach 1945, Ergebnisse, Positionen und Perspektiven der Forschung, Innsbruck 2002.

Armbrüster, Georg, Kohlstruck, Michael, Mühlberger, Sonja (Hgg.), Exil in Shanghai 1938–1947: Jüdisches Leben in der Emigration, Mit der Erstveröffentlichung von 14 800 Eintragungen der japanischen Fremdenpolizei auf CD-Rom. Teetz: Hentrich & Hentrich 2000.

Auschwitzhefte Nummern 1–25, Auschwitzmuseum, ab 1959.

Badia, Gilbert: Les Autrichiens dans les camps, in: Paul Pasteur et Félix Kreissler, Les Autrichiens dans la Résistance, Rouen 1996.

Baier, Walter, Das kurze Jahrhundert, Kommunismus in Österreich, KPÖ 1918–2008, Wien 2009.

Benz, Wolfgang, Der Holocaust, München 2001.

Berger, Karin, Holzinger, Elisabeth, Podgornik, Lotte, Tallori, Lisbeth N., Der Himmel ist blau. Kann sein. Frauen im Widerstand 1938–1945, Wien 1985.

Berger, Karin, Holzinger, Elisabeth, Podgornik, Lotte, Tallori, Lisbeth N., Ich gab dir einen Mantel, damit du ihn noch in Freiheit tragen kannst, Widerstehen im KZ, Wien 1987.

Bergmann, Martin, Milton S., Jucovy, E., Kestenberg, Judith S. (Hgg.), Kinder der Opfer. Kinder der Täter. Psychoanalyse und Holocaust, Frankfurt am Main 1995.

Bihl, Wolfdieter, Das Judentum Ungarns 1718–1914, in: Studia Judaica Austriaca Bd. III, Studien zum ungarischen Judentum, Eisenstadt 1976.

Borowski Tadeusz, Bei uns in Auschwitz, München 1999.

Brainin, Lotte, Nachruf auf Vilma Steindling, Wien 1989 (Manuskript).

Brainin, Lotte, Biographische Notizen, Wien 2005.

Brunner, José, Zajde, Nathalie, Holocaust und Trauma, Kritische Perspektiven zur Entstehung und Wirkung eines Paradigmas, Göttingen 2011.

Buber-Neumann, Margarete, Als Gefangene bei Stalin und Hitler, Stuttgart 1978.

Burrin, Philippe, La France à l'heure allemande 1940–1944, Paris 1995.

Butterweck, Hellmut, Verurteilt und begnadigt, Österreich und seine NS-Straftäter, Wien 2003.

Buxbaum, Elisabeth, Transit Shanghai, Ein Leben im Exil, Wien 2008.

Collin, Claude, Le »Travail Allemand«, une organisation de résistance au sein de la Wehrmacht, Articles et témoignages, Paris 2013.

Comité International de Dachau (Hg.), Konzentrationslager Dachau 1933–1945, München 1965.

Courtois, Stéphane, Peschanski, Denis, Rayski, Adam (Hgg.), Le »Sang de l'Étranger«, les immigrés de la MOI dans la résistance. Fayard, Paris 1989.

Daohan, Wang, The Jews in Shanghai, Shanghai 2005.

Dokumentationsarchiv des Österreichischen Widerstandes (Hg.): Österreicher im Exil, Frankreich 1938–1945, Eine Dokumentation, Wien, München 1984.

Dokumentationsarchiv des Österreichischen Widerstandes (Hg.): Feindbilder, Jahrbuch, Wien 2015.

Eckstaedt, Anita: Nationalismus in der »zweiten Generation«, Psychoanalyse von Hörigkeitsverhältnissen, Frankfurt am Main 1989.

Eismann, Gael, Hôtel Majestic, Ordre et sécurité en France occupée (1940–1944), Paris 2010.

Erdheim, Claudia, Längst nicht mehr koscher, Wien 2006.

Etzersdorfer, Irene, Österreichische Sozialisten im französischen Exil, Wien 1985.

Felber, Ulrike, Melichar, Peter, Priller, Markus, Unfried, Berthold, Weber, Fritz (Hg.), Ökonomie der Arisierung Teil 1, Grundzüge, Akteure, Institutionen, Veröffentlichung der Österreichischen Historikerkommission, Wien, München 2004.

Felber, Ulrike, Melichar, Peter, Priller, Markus, Unfried Berthold, Weber Fritz (Hg.): Ökonomie der Arisierung Teil 2, Wirtschaftssektoren, Branchen, Falldarstellungen, Veröffentlichung der Österreichischen Historikerkommission, Wien, München 2004.

Fénélon, Fania, Das Mädchenorchester von Auschwitz, München 2002.

Fontaine, Thomas, Les Oubliés de Romainville, Un Camp Allemand en France (1940–1944), Paris 2005.

Fontaine, Thomas, Zaidman, Sylvie, Clesse, Joël, Graffiti de Résistants sur les Murs du Fort de Romainville (1940–1944), Lyon 2012.

Frei, Bruno, Das Elend Wiens, Wien 1921.

Frankl, Viktor, … trotzdem Ja zum Leben sagen. Ein Psychologe erlebt das Konzentrationslager, Wien 1946.

Fritsch, Clara, Rollenwechsel, Identitätskonstruktion im antifaschistischen Widerstand, skizziert am Beispiel von Ida und Moritz Margulies, in: Helmut Kramer (Hg.): Österreichische Nation – Kultur – Exil und Widerstand, In memoriam Felix Kreissler, Wien, Berlin 2006.

Fritz, Heinrich, Stationen meines Lebens. Biografische Texte der österreichischen Arbeiterbewegung, Wien 1990

Fritz, Mali, Jursa, Hermine: Es lebe das Leben, Tage nach Ravensbrück, Wien 1983.

Fritz Mali, Essig gegen den Durst – 565 Tage in Auschwitz-Birkenau, Wien 1986.

Gamillscheg, Felix (Hg.), Kneucker, Alfred, Zuflucht in Shanghai. Wien, Graz 1984.

Gilbert, Martin, Endlösung. Die Vertreibung und Vernichtung der Juden, Ein Atlas, Reinbek bei Hamburg 1995.

Gutmann, Yisrael, Jäckel, Eberhard (Hg.), Enzyklopädie des Holocaust, Die Verfolgung und Ermordung der europäischen Juden, Band 1–4, Berlin 1966.

Halbmayr, Brigitte, Zeitlebens konsequent, Hermann Langbein 1912–1995, Eine politische Biografie, Wien 2012.

Hardtmann, Gertrud (Hg.), Spuren der Verfolgung, Seelische Auswirkungen des Holocaust auf die Opfer und ihre Kinder, Gerlingen 1992.

Hatschek, Christoph, Österreicher im französischen Exil, Der Aufbau einer militärischen Formation zur Befreiung Österreichs während des Zweiten Weltkriegs, (Diplomarbeit) Wien 1997.

Helm, Sarah, Ohne Haar und ohne Namen, Im Frauen-Konzentrationslager Ravensbrück, Darmstadt 2016.

Herman, Judith Lewis, Die Narben der Gewalt, Traumatische Erfahrungen verstehen und überwinden, Paderborn 2003.

Hilberg, Raoul, Die Vernichtung der europäischen Juden, 3 Bände, Frankfurt am Main 1990.

Historische Kommission beim ZK der KPÖ, Beiträge zur kommunistischen Jugendbewegung in Österreich (BGKJ), Wien 1986.

Hochstadt, Steve, Shanghai-Geschichten, Die jüdische Flucht nach China, Berlin 2007.

Höss, Rudolf, Kommandant in Auschwitz, Autobiographische Aufzeichnungen, Stuttgart 1958.

Höss, Rudolf, Pery, Broad, Kremer, Johann Paul, KL Auschwitz in den Augen der SS, Katowice 1981.

Holban, Boris, Testament, Après quarante-cinq ans de silence, le chef militaire des FTP-MOI de Paris parle, Paris 1989.

Hricová, Ľubica: Stupavskí rabíni v. 19. Storoci, in: Stupava Historia. Pamiatky. Orsobnosti. Priroda. Rocnik VII. 2011–2013. S. 114–120.

Hüll, Götz, Das Außenlager des KZ Buchenwald in Duderstadt, Norderstedt 2005.

Institut für Zeitgeschichte (Hg.), Biographisches Handbuch der deutschsprachigen Emigration nach 1933, München 1980.

K. u. k. Central Statistische Central-Commission (Hg.), Special-Orts-Repertorium von Nieder-Österreich. St. Pölten 1892.

Kaminski, Gerd, Von Österreichern und anderen Chinesen, Wien 1980.

Kaplan, Vivian Jeanette, Von Wien nach Shanghai, Die Flucht einer jüdischen Familie, München 2006.

Kasten, Bernd, »Gute Franzosen«, Die französische Polizei und die deutsche Besatzungsmacht im besetzten Frankreich 1940–1944, Sigmaringen 1993.

Klarsfeld, Beate und Serge, Endstation Auschwitz, Die Deportation deutscher und österreichischer Kinder aus Frankreich, Ein Erinnerungsbuch, Köln, Weimar, Wien 2008.

Klarsfeld, Serge (Hg.), The Auschwitz Album, Lili Jacob's album, New York 1980.

Klarsfeld Serge, Vichy-Auschwitz, Die Zusammenarbeit der deutschen und französischen Behörden bei der »Endlösung der Judenfrage« in Frankreich, Hamburg 1989.

Klippert, Heinz, Kommunikationstraining, Weinheim und Basel 1995.

Knight, Robert, »Ich bin dafür, die Sache in die Länge zu ziehen.«, Wien 2000.

Kogan, Ilany, Der stumme Schrei der Kinder, Die zweite Generation der Holocaust-Opfer, Frankfurt am Main 1998.

Kogon, Eugen (Hg.), Der SS-Staat – Das System der deutschen Konzentrationslager, Stockholm 1947.

Kogon, Eugen, Langbein, Hermann, Rückerl, Adalbert (Hg.), Nationalsozialistische Massentötungen durch Giftgas, Frankfurt am Main 1983.

Kramer, Helmut, Liebhart, Karin, Stadler, Friedrich (Hg.), Österreichische Nation – Kultur – Exil und Widerstand. In memoriam Felix Kreissler. Wien, Berlin 2006, S. 189–195.

Langbein, Hermann, Menschen in Auschwitz, Wien 1972.

Langbein, Hermann, Nicht wie die Schafe zur Schlachtbank – Widerstand in den nationalsozialistischen Konzentrationslagern 1938–1945, Frankfurt am Main 1980.

Lanzmann, Claude, Shoah, Paris 1986.

Lasker-Walfisch, Anita, Ihr sollt die Wahrheit erben, Die Cellistin von Auschwitz, Erinnerungen, Hamburg 2000.

Leborgne, Dominique, Chadych, Danièle, Vie et histoire du XIe arrondissement, Paris 1987.

Adolph Lehmann's allgemeiner Wohnungs-Anzeiger: nebst Handels- u. Gewerbe-Adressbuch für d. k.k. Reichshaupt- u. Residenzstadt Wien u. Umgebung, 1859–1942.

Levi, Primo, Se questo è un uomo, Torino 1958.

Lingens, Ella, Eine Frau im Konzentrationslager, Wien 1966.

Lingens, Ella, Gefangene der Angst, Wien 2003.

Lind, Christoph: »… sind wir doch in unserer Heimat als Landmenschen aufgewachsen …«, Der Landsprengel der Israelitischen Kultusgemeinde St. Pölten: Jüdische Schicksale zwischen Wienerwald und Erlauf. St. Pölten 2002.

Lind, Christoph, Kleine jüdische Kolonien, Juden in Niederösterreich 1782–1914, Wien 2013.

Marek, Franz, Erinnerungen, Manuskript, Dokumentationsarchiv des Österreichischen Widerstandes.

Mark, Ber, Des voix dans la nuit, La résistance juive à Auschwitz, Paris 1977.

Marktgemeinde Eichgraben (Hg.), Eichgrabner Geschichten, 90 Jahre Eichgraben – ein Kind der Westbahn, 1923–2013, Eichgraben 2013.

Matussek, Paul mit Grigat, Wolf, Konzentrationslagerhaft und ihre Folgen, Monographien aus dem Gesamtgebiete der Psychiatrie 2, Berlin 1971.

Memelsdorff, Franz und Heller, Georg, Im KZ, Zwei jüdische Schicksale 1938–1945, Frankfurt am Main 2012.

Millu, Liana, Der Rauch über Birkenau, Frankfurt am Main 1999.

Mugrauer, Manfred (Hg.), 90 Jahre KPÖ, Studien zur Geschichte der kommunistischen Partei Österreichs, Wien 2009.

Reiter, F. R. (Hg.), Unser Kampf in Frankreich für Österreich, Interviews mit Widerstandskämpfern, Wien, Köln, Graz 1984.

Rodel, Gerda, Nachruf auf Vilma Steindling, Wien 1989 (Manuskript).

Saurel, Louis, Albrecht, Bertie, Casanova, Danielle, Collection Révélation, Petite Encyclopédie de la Résistance, Paris 1994.

Schwager, Ernst, Die Österreichische Emigration in Frankreich 1938–1945, Wien 1984.

Schwager, Irma, Mädelarbeit in Frankreich, Im Kampf um Österreichs Freiheit, Wien 2002.

Sémard, Yvette, En Souvenir de l'Avenir, Au jour les jours dans les camps de Vichy (1942–1944), Paris 1991.

Spiegel, Tilly, Österreicher in der belgischen und französischen Résistance, Wien 1969.

Steindling, Dolly, Meine Jugend, Ein Bericht, Wien 1990.

Stern, Elfi: … mehr Glück als Verstand, Graz 2014.

Stern, Frank, Eichinger Barbara (Hg.), Wien und die jüdische Erfahrung 1900–1938, Akkulturation – Antisemitismus – Zionismus, Wien 2009.

Stoppacher, Robert, Die Anschluss-Propaganda der illegalen NS-Presse in Österreich 1933–1938, Wien 1983.

Strebel, Bernhard, Das KZ Ravensbrück, Geschichte eines Lagerkomplexes, in: Matussek, Paul, Die Konzentrationslagerhaft und ihre Folgen, Psychiatry Series, Band 2. 1971, Berlin 2003.

Strobl, Ingrid, Die Angst kam erst danach, Jüdische Frauen im Widerstand 1939–1945, Frankfurt am Main 1998.

Tálos, Emmerich, Neugebauer, Wolfgang (Hg.), Austrofaschismus, Politik – Ökonomie – Kultur, 1933–1938, Wien 2005.

Tausig, Franziska, Shanghai Passage, Emigration ins Ghetto, Wien 2007.

Trksak, Irma, Ich gebe dir einen Mantel, daß du ihn noch in Freiheit tragen kannst, Wien 1987.

Vaillant-Couturier, M. C., Mes 27 mois entre Auschwitz et Ravensbrück, Paris 1946.

Volkszählung in den Ländern der Ungarischen Krone vom Jahr 1900. Erster Teil: Allgemeine Beschreibung der Bevölkerung nach Gemeinden. Ungarische Statistische Mitteilungen. Budapest 1902.

Wassermann, Heinz P. (Hg.), Antisemitismus in Österreich nach 1945, Ergebnisse, Positionen und Perspektiven der Forschung, Innsbruck 2002.

Weizenbaum, Friederike, Leider ohne Waffe, in: Reiter, F. R. (Hg.), Unser Kampf, In Frankreich für Österreich, Interviews mit Widerstandskämpfern, Wien, Köln, Graz 1984.

Wesolowska, Danuta, Wörter aus der Hölle, Die »lagerszpracha« der Häftlinge von Auschwitz, Kraków 1998.

Wieviorka, Annette, Ils étaient juifs, résistants, communistes. Article dans la revue »Vingtième siècle«, revue d'histoire, année 1987, volume 15, numéro 1. pp. 154–156.

Wieviorka, Annette, Les biens des Internés des camps de Drancy, Paris 2000.

Glossar

Beserlpark	(österr.) ein kleiner, kümmerlicher Park
gluren	(wienerisch) glotzen
Gulag	(Glawnoje uprawlenije lagerej, Hauptverwaltung der Lager) Bezeichnung für die sowjetischen Arbeits- und Straflager in Sibirien
Juchaza	(wienerisch) Jubel
Kapo	Anführer oder Anführerin der Arbeitskommandos und für das Arbeitspensum verantwortlich
NKWD	(Narodnyj komissariat vnutrennych del, Volkskommissariat für innere Angelegenheiten) Bis 1954 sowjetischer Geheimdienst, Vorläufer des KGB
owegfolln	(wienerisch) hinuntergefallen
Prestatairelager	Internierungslager, in dem die Männer als Schanzarbeiter (schwere Erdarbeiten mit Spaten) eingesetzt werden
Rebbetzin	(jiddisch) Ehefrau eines Rabbiners
sich durchwurschteln	(wienerisch) sich durchbringen
Urstrumpftant	(österr.) abfällig für eine ältere und verschrobene Verwandte

Biografische Hinweise zu einigen historischen Personen

Eichmann, Adolf	SS-Obersturmbannführer, der für die Vertreibung und Deportation der Juden verantwortlich und somit einer der schlimmsten Naziverbrecher war.
Dubček, Alexander	1968 und 1969 Generalsekretär der tschechoslowakischen Kommunisten, wichtigster Anführer des Prager Frühlings.
Mengele, Josef	Deutscher Arzt; 1937 Assistent des Rassenhygienikers Otmar von Verschuer, meldet sich 1940 freiwillig zur Waffen-SS; von Mai 1943 bis Januar 1945 Lagerarzt im Vernichtungslager Auschwitz. Er nimmt Selektionen vor, überwacht die Vergasungen und führt medizinische Versuche an Häftlingen durch. Er sammelt Material zur Zwillingsforschung und beschäftigt sich mit der Unfruchtbarmachung weiblicher Häftlinge.
Zimetbaum, Mala	Jüdin und im belgischen Widerstand; rettete aufgrund ihrer hohen Position als Dolmetscherin in Auschwitz zahlreiche Häftlinge vor der Selektion. Nach ihrer Flucht 1944 aus Auschwitz wurde sie an der slowakischen Grenze gefasst, nach Auschwitz zurückgebracht und grausam ermordet.

Personenregister

222

Bildnachweis

Alle Fotos aus dem Privatarchiv von Ruth Steindling, außer:
3 aus dem Privatarchiv von Robert Schindel
8 aus dem Privatarchiv von Claudio Nathan, Buenos Aires
10 BMI/Fotoarchiv der KZ-Gedenkstätte Mauthausen